I0842066

Palette Divinus

Paletas de Colores Inspiradoras

INDICE

Armonía del color

Es la combinación perfecta de los colores.

No es una norma general, pero desde el punto de vista técnico, para una buena armonía del color se sugire que exista un color **dominante** (color neutro que realza a los demás y que suele ser el de mayor proporción), el **tónico**, el cual es el color complementario del dominante, y el de **mediación**, el cual se usa de transición entre los dos anteriores.

Colores Complementarios

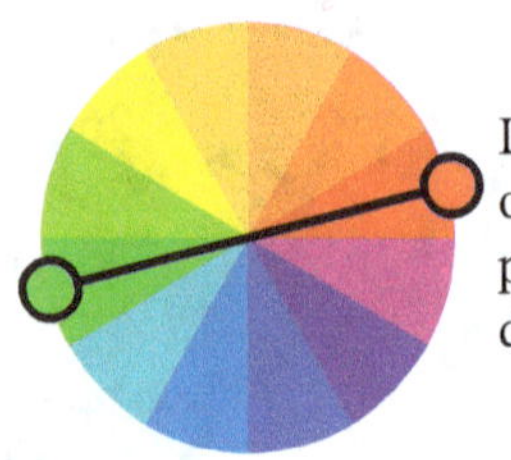

Los colores complementarios son pares de colores situados uno frente al otro en la rueda cromática. Cuando se colocan juntos, los colores complementarios crean un fuerte contraste y tienden a realzar la intensidad del otro.

Colores Análogos

Son combinaciones de colores adyacentes en la rueda cromática. Estos colores suelen estar situados dentro de una estrecha gama de tonalidades y comparten subtonos similares.

Triada

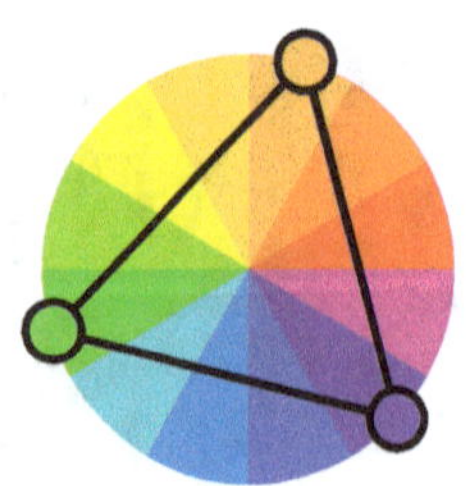

Son combinaciones de colores formadas por tres colores espaciados uniformemente alrededor de la rueda cromática. Estos colores se colocan a distancias iguales entre sí, formando un triángulo equilátero en la rueda cromática.

Colores Monocromático

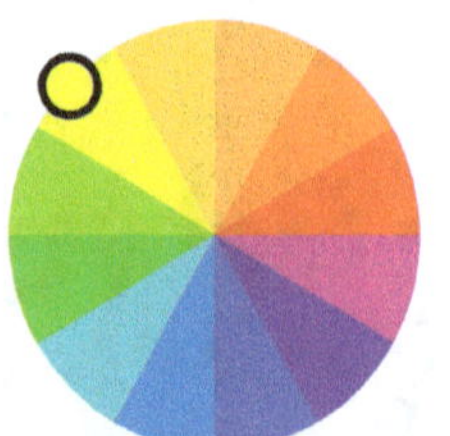

Consiste en diferentes sombras, tintes y tonos de un solo color.

Rueda Cromática

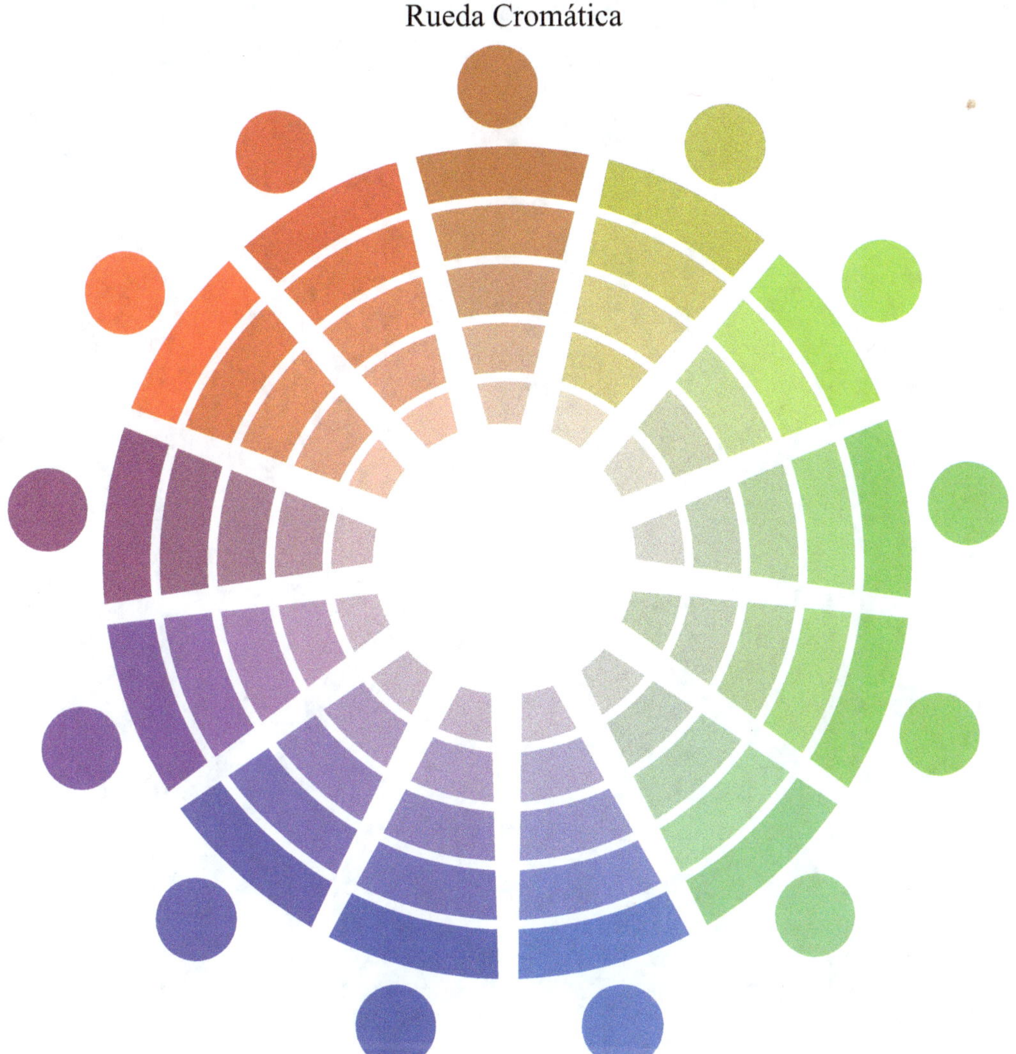

La rueda cromática es un diagrama circular que ordena los colores de forma que ilustra sus relaciones entre sí. Se utiliza a menudo en el arte, el diseño y la representación visual para comprender las armonías y combinaciones de colores.

Modelos de Color

RGB significan Rojo, Verde y Azúl. Es un modelo aditivo porque cuando los tres colores primarios se combinan a su máxima intensidad, crean luz blanca. Cuando no hay colores presentes, la ausencia de luz da como resultado el negro.

CMYK significa Cian, Magenta, Amarillo y Negro. Se emplea en la impresión para garantizar una reproducción precisa del color en soportes físicos como el papel.

Hex o **Hexadecimal** significa #RRGGBB (Rojo, Verde y Azúl), es una forma de representar los colores mediante una combinación de números hexadecimales de seis dígitos. Se utiliza ampliamente en diseño web y aplicaciones digitales.

MONOCROMATICO

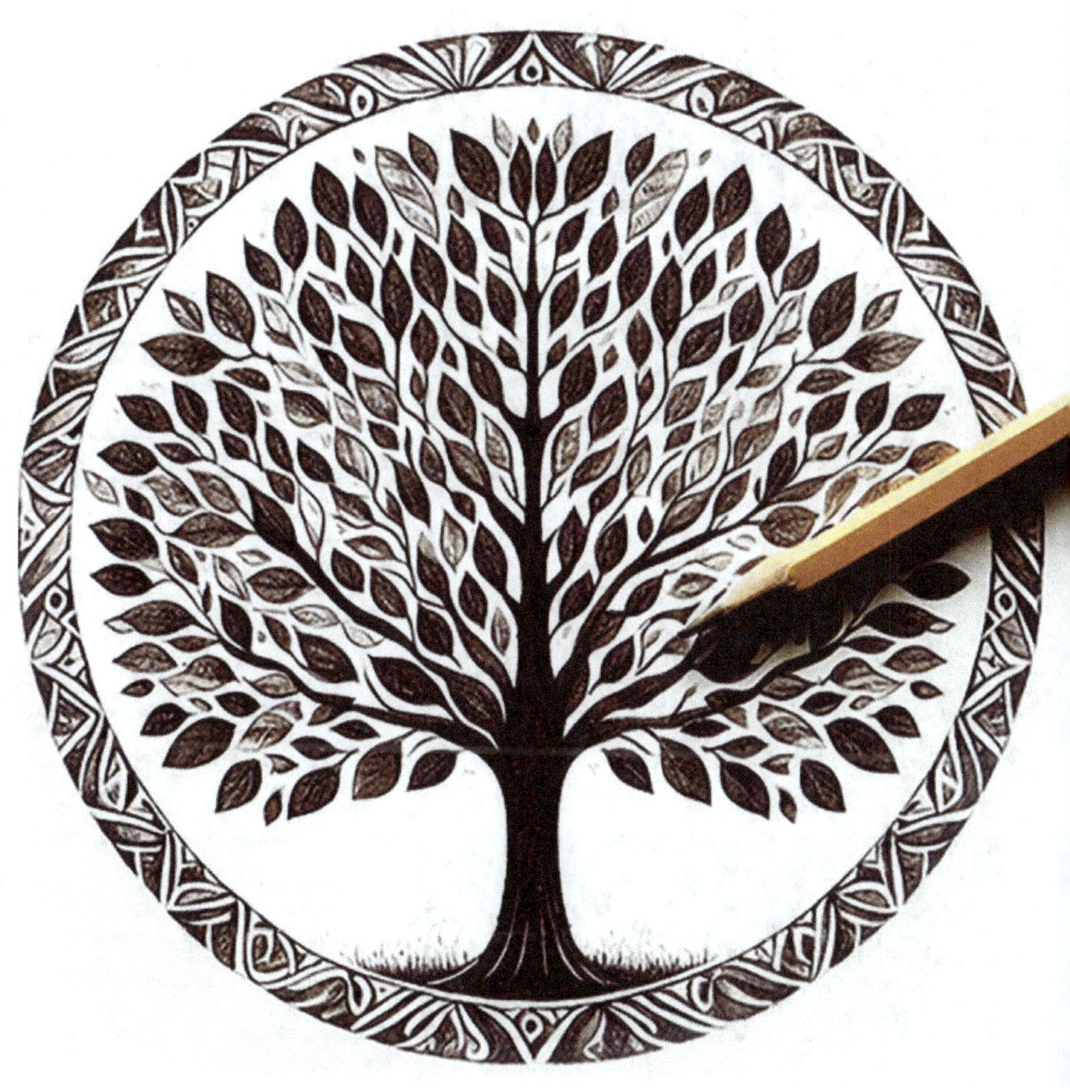

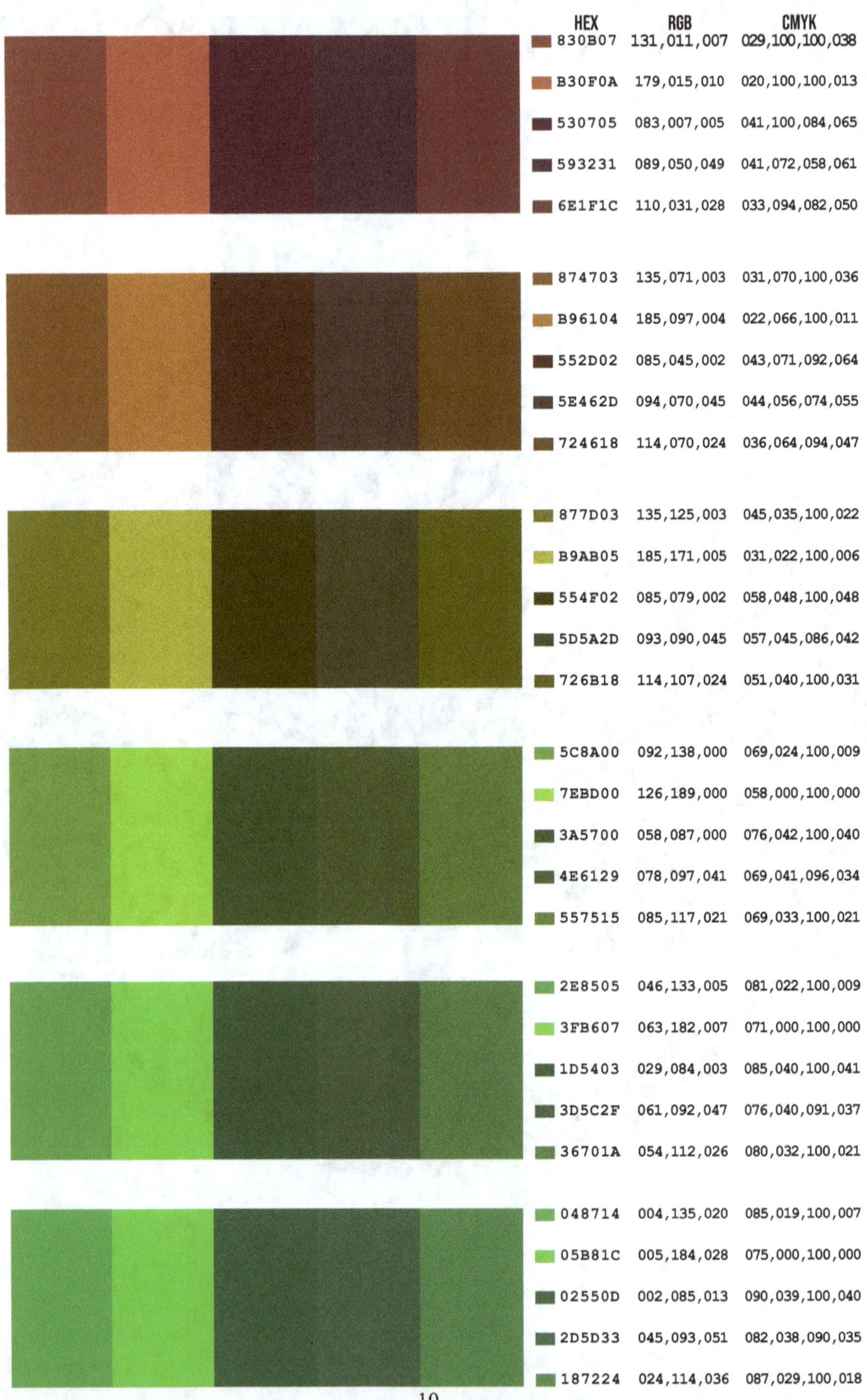

HEX   RGB   CMYK
830B07 131,011,007 029,100,100,038
B30F0A 179,015,010 020,100,100,013
530705 083,007,005 041,100,084,065
593231 089,050,049 041,072,058,061
6E1F1C 110,031,028 033,094,082,050

874703 135,071,003 031,070,100,036
B96104 185,097,004 022,066,100,011
552D02 085,045,002 043,071,092,064
5E462D 094,070,045 044,056,074,055
724618 114,070,024 036,064,094,047

877D03 135,125,003 045,035,100,022
B9AB05 185,171,005 031,022,100,006
554F02 085,079,002 058,048,100,048
5D5A2D 093,090,045 057,045,086,042
726B18 114,107,024 051,040,100,031

5C8A00 092,138,000 069,024,100,009
7EBD00 126,189,000 058,000,100,000
3A5700 058,087,000 076,042,100,040
4E6129 078,097,041 069,041,096,034
557515 085,117,021 069,033,100,021

2E8505 046,133,005 081,022,100,009
3FB607 063,182,007 071,000,100,000
1D5403 029,084,003 085,040,100,041
3D5C2F 061,092,047 076,040,091,037
36701A 054,112,026 080,032,100,021

048714 004,135,020 085,019,100,007
05B81C 005,184,028 075,000,100,000
02550D 002,085,013 090,039,100,040
2D5D33 045,093,051 082,038,090,035
187224 024,114,036 087,029,100,018

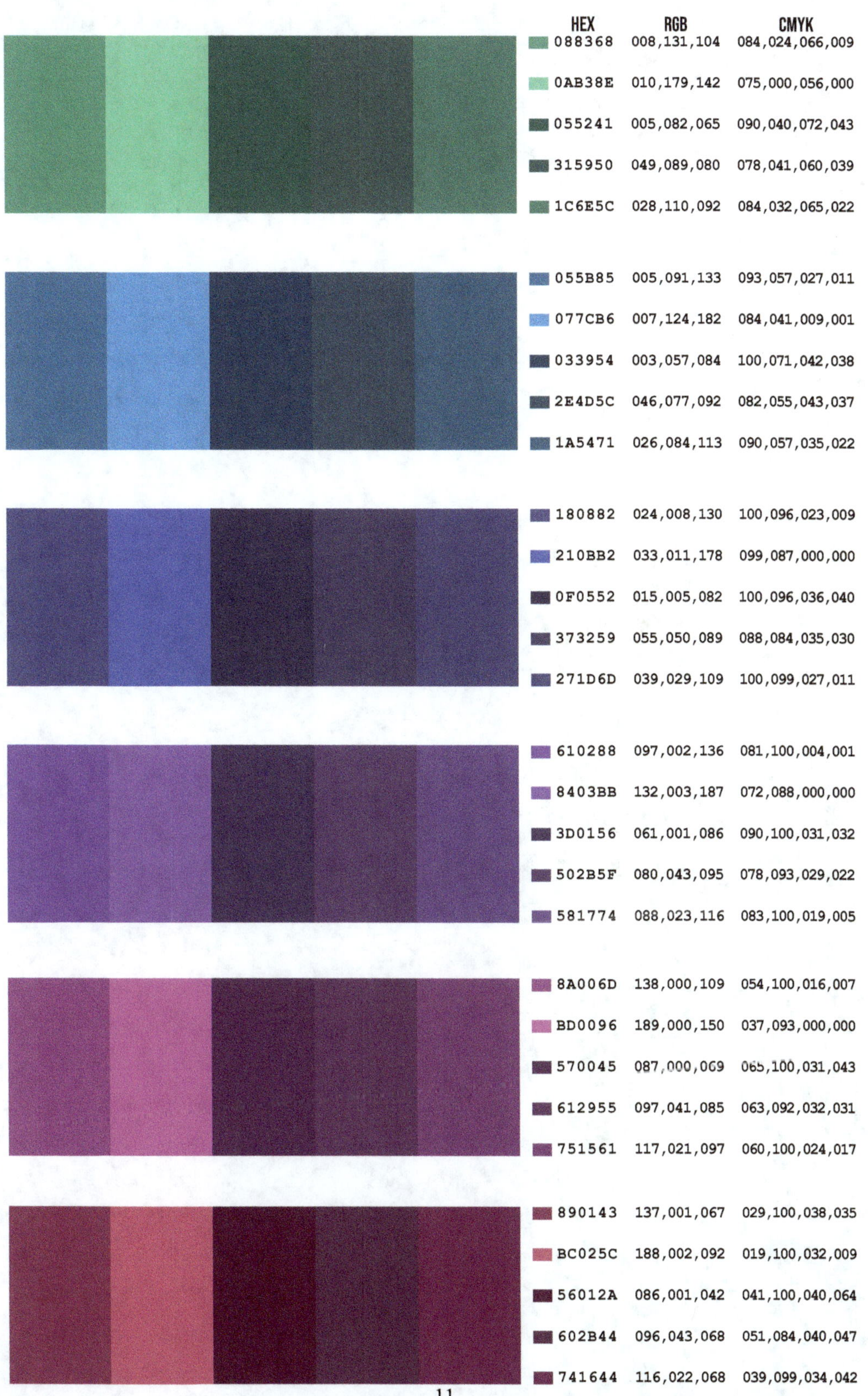

	HEX	RGB	CMYK
	088368	008,131,104	084,024,066,009
	0AB38E	010,179,142	075,000,056,000
	055241	005,082,065	090,040,072,043
	315950	049,089,080	078,041,060,039
	1C6E5C	028,110,092	084,032,065,022
	055B85	005,091,133	093,057,027,011
	077CB6	007,124,182	084,041,009,001
	033954	003,057,084	100,071,042,038
	2E4D5C	046,077,092	082,055,043,037
	1A5471	026,084,113	090,057,035,022
	180882	024,008,130	100,096,023,009
	210BB2	033,011,178	099,087,000,000
	0F0552	015,005,082	100,096,036,040
	373259	055,050,089	088,084,035,030
	271D6D	039,029,109	100,099,027,011
	610288	097,002,136	081,100,004,001
	8403BB	132,003,187	072,088,000,000
	3D0156	061,001,086	090,100,031,032
	502B5F	080,043,095	078,093,029,022
	581774	088,023,116	083,100,019,005
	8A006D	138,000,109	054,100,016,007
	BD0096	189,000,150	037,093,000,000
	570045	087,000,069	065,100,031,043
	612955	097,041,085	063,092,032,031
	751561	117,021,097	060,100,024,017
	890143	137,001,067	029,100,038,035
	BC025C	188,002,092	019,100,032,009
	56012A	086,001,042	041,100,040,064
	602B44	096,043,068	051,084,040,047
	741644	116,022,068	039,099,034,042

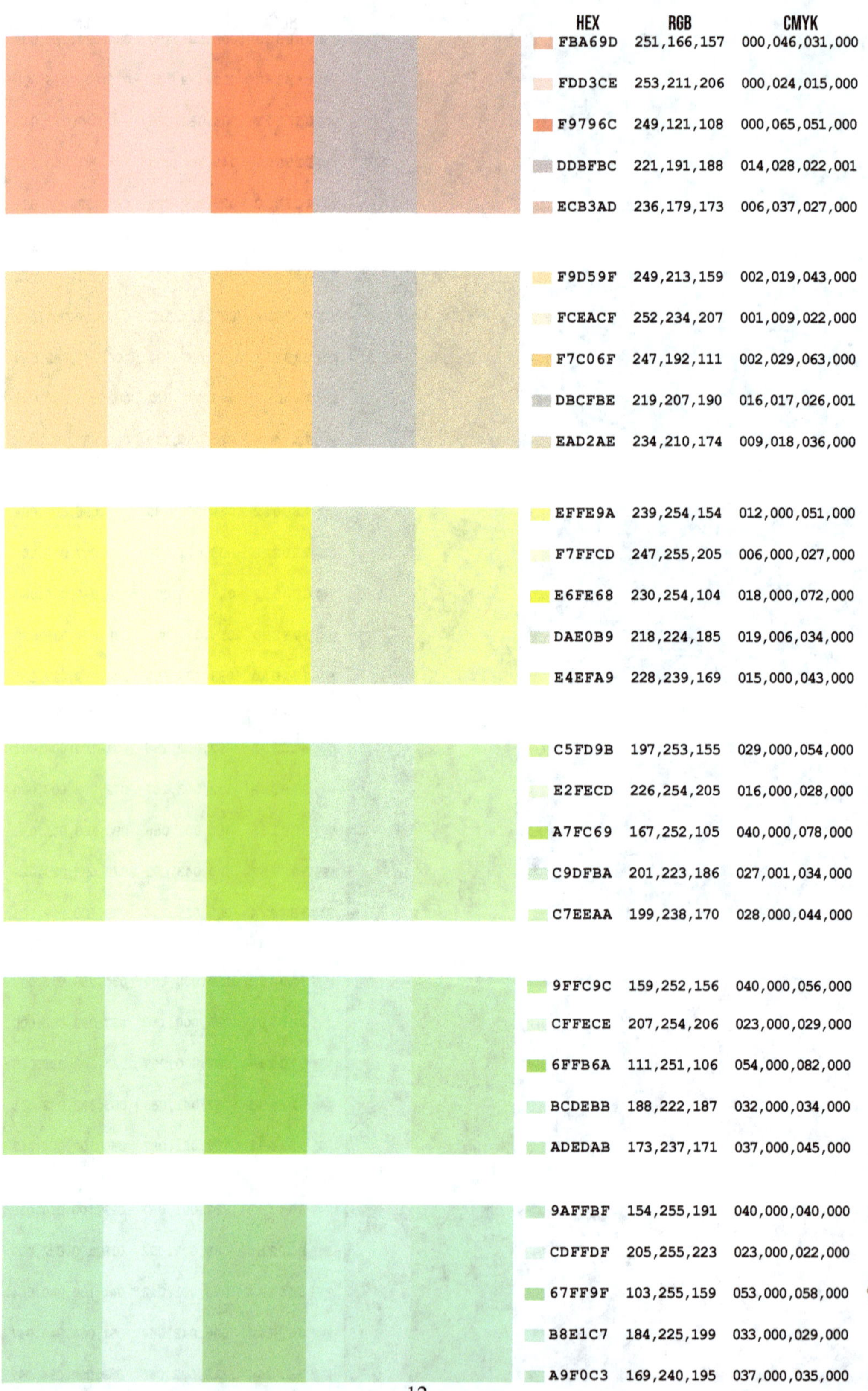

HEX   RGB   CMYK
FBA69D 251,166,157   000,046,031,000
FDD3CE 253,211,206   000,024,015,000
F9796C 249,121,108   000,065,051,000
DDBFBC 221,191,188   014,028,022,001
ECB3AD 236,179,173   006,037,027,000

F9D59F 249,213,159   002,019,043,000
FCEACF 252,234,207   001,009,022,000
F7C06F 247,192,111   002,029,063,000
DBCFBE 219,207,190   016,017,026,001
EAD2AE 234,210,174   009,018,036,000

EFFE9A 239,254,154   012,000,051,000
F7FFCD 247,255,205   006,000,027,000
E6FE68 230,254,104   018,000,072,000
DAE0B9 218,224,185   019,006,034,000
E4EFA9 228,239,169   015,000,043,000

C5FD9B 197,253,155   029,000,054,000
E2FECD 226,254,205   016,000,028,000
A7FC69 167,252,105   040,000,078,000
C9DFBA 201,223,186   027,001,034,000
C7EEAA 199,238,170   028,000,044,000

9FFC9C 159,252,156   040,000,056,000
CFFECE 207,254,206   023,000,029,000
6FFB6A 111,251,106   054,000,082,000
BCDEBB 188,222,187   032,000,034,000
ADEDAB 173,237,171   037,000,045,000

9AFFBF 154,255,191   040,000,040,000
CDFFDF 205,255,223   023,000,022,000
67FF9F 103,255,159   053,000,058,000
B8E1C7 184,225,199   033,000,029,000
A9F0C3 169,240,195   037,000,035,000

ANALOGO

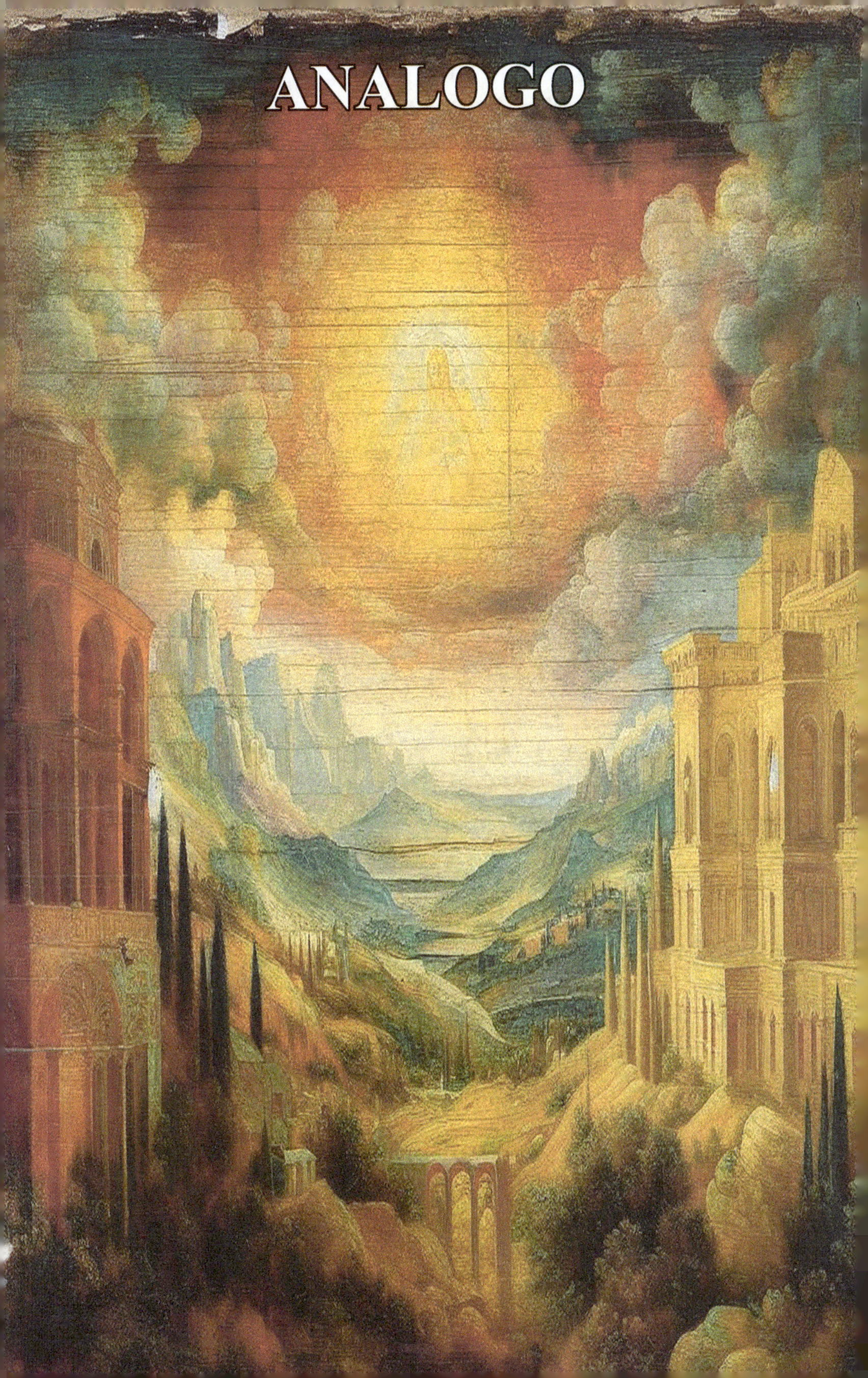

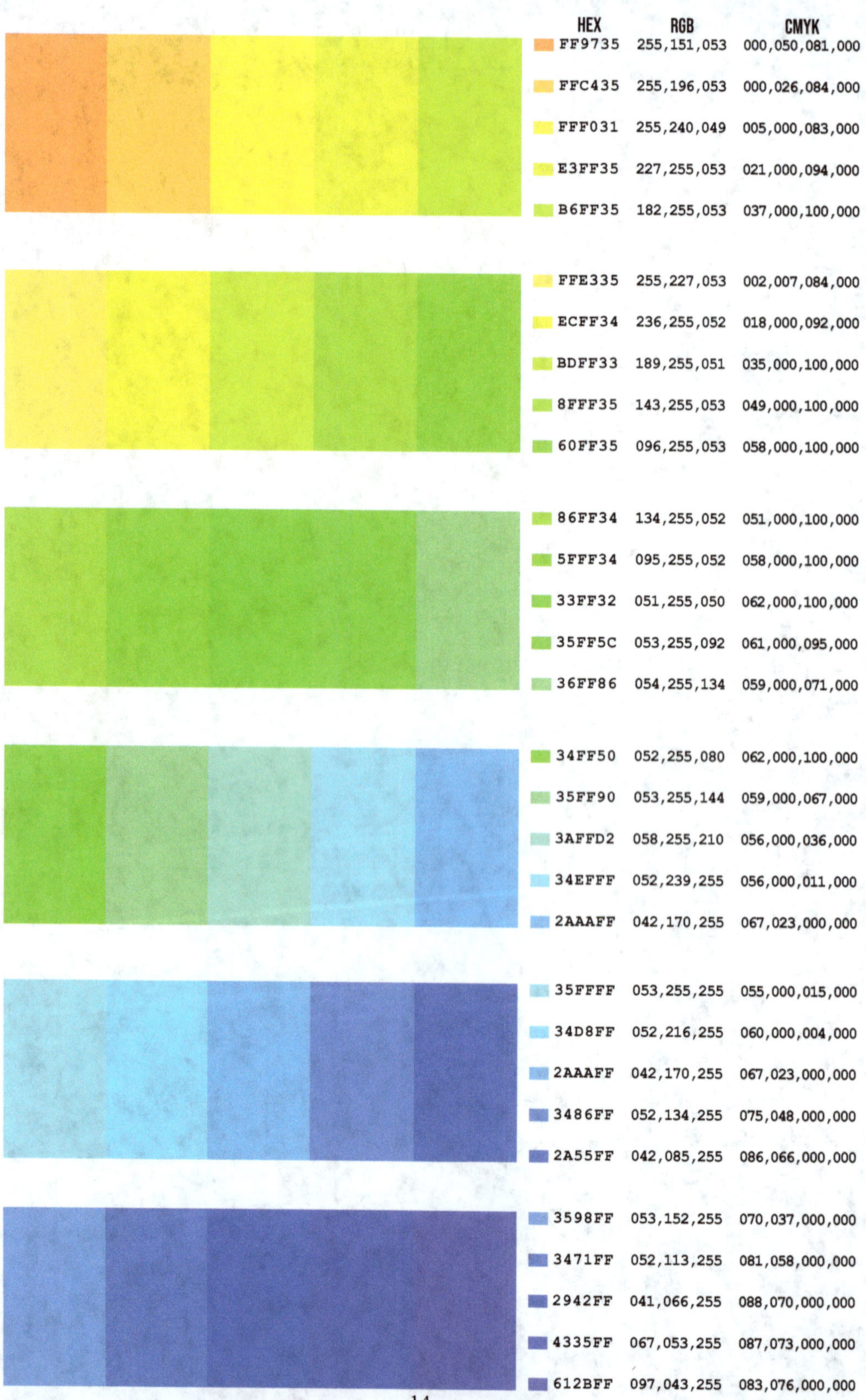

HEX	RGB	CMYK
FF9735	255,151,053	000,050,081,000
FFC435	255,196,053	000,026,084,000
FFF031	255,240,049	005,000,083,000
E3FF35	227,255,053	021,000,094,000
B6FF35	182,255,053	037,000,100,000
FFE335	255,227,053	002,007,084,000
ECFF34	236,255,052	018,000,092,000
BDFF33	189,255,051	035,000,100,000
8FFF35	143,255,053	049,000,100,000
60FF35	096,255,053	058,000,100,000
86FF34	134,255,052	051,000,100,000
5FFF34	095,255,052	058,000,100,000
33FF32	051,255,050	062,000,100,000
35FF5C	053,255,092	061,000,095,000
36FF86	054,255,134	059,000,071,000
34FF50	052,255,080	062,000,100,000
35FF90	053,255,144	059,000,067,000
3AFFD2	058,255,210	056,000,036,000
34EFFF	052,239,255	056,000,011,000
2AAAFF	042,170,255	067,023,000,000
35FFFF	053,255,255	055,000,015,000
34D8FF	052,216,255	060,000,004,000
2AAAFF	042,170,255	067,023,000,000
3486FF	052,134,255	075,048,000,000
2A55FF	042,085,255	086,066,000,000
3598FF	053,152,255	070,037,000,000
3471FF	052,113,255	081,058,000,000
2942FF	041,066,255	088,070,000,000
4335FF	067,053,255	087,073,000,000
612BFF	097,043,255	083,076,000,000

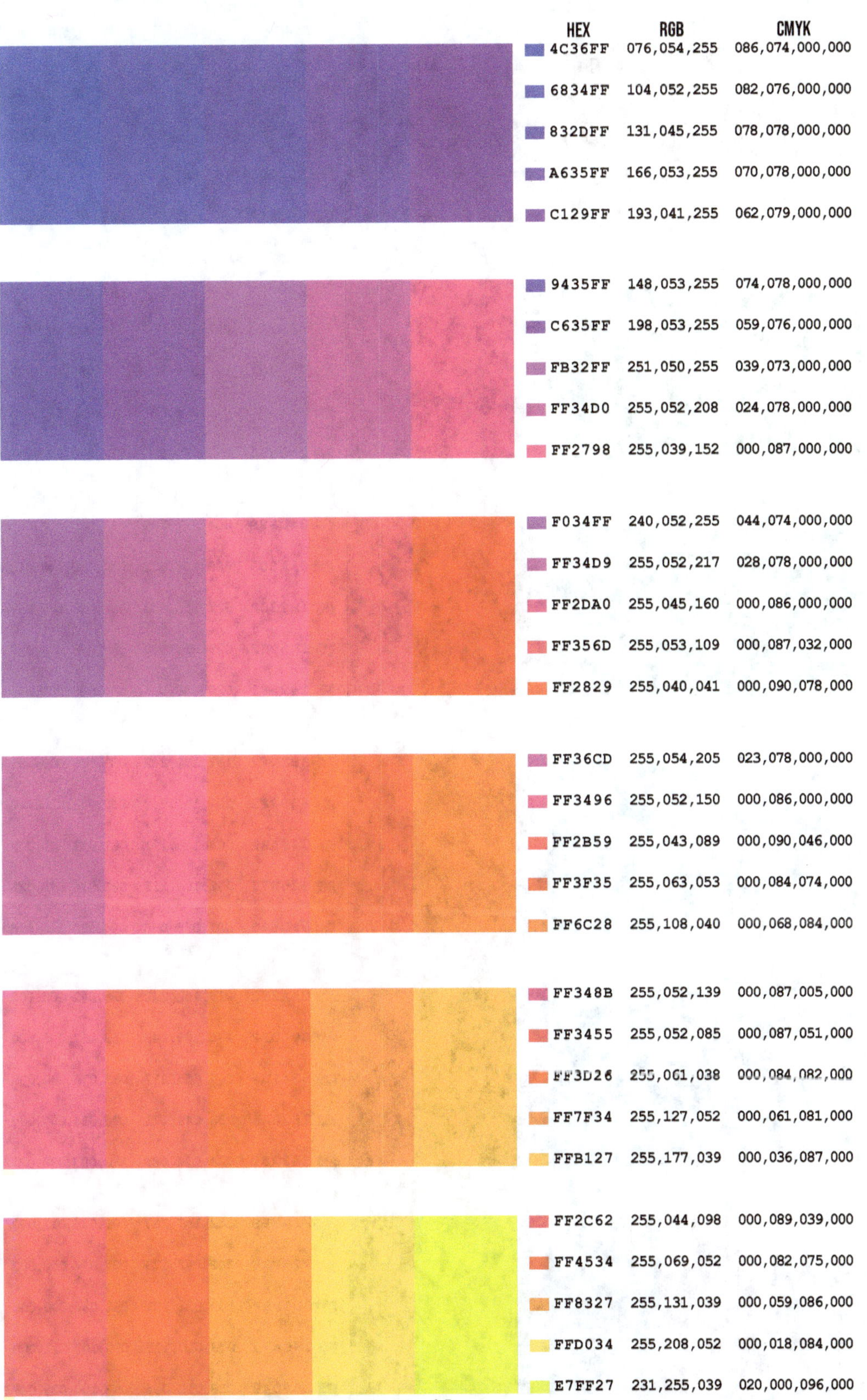

HEX	RGB	CMYK
4C36FF	076,054,255	086,074,000,000
6834FF	104,052,255	082,076,000,000
832DFF	131,045,255	078,078,000,000
A635FF	166,053,255	070,078,000,000
C129FF	193,041,255	062,079,000,000
9435FF	148,053,255	074,078,000,000
C635FF	198,053,255	059,076,000,000
FB32FF	251,050,255	039,073,000,000
FF34D0	255,052,208	024,078,000,000
FF2798	255,039,152	000,087,000,000
F034FF	240,052,255	044,074,000,000
FF34D9	255,052,217	028,078,000,000
FF2DA0	255,045,160	000,086,000,000
FF356D	255,053,109	000,087,032,000
FF2829	255,040,041	000,090,078,000
FF36CD	255,054,205	023,078,000,000
FF3496	255,052,150	000,086,000,000
FF2B59	255,043,089	000,090,046,000
FF3F35	255,063,053	000,084,074,000
FF6C28	255,108,040	000,068,084,000
FF348B	255,052,139	000,087,005,000
FF3455	255,052,085	000,087,051,000
FF3D26	255,061,038	000,084,082,000
FF7F34	255,127,052	000,061,081,000
FFB127	255,177,039	000,036,087,000
FF2C62	255,044,098	000,089,039,000
FF4534	255,069,052	000,082,075,000
FF8327	255,131,039	000,059,086,000
FFD034	255,208,052	000,018,084,000
E7FF27	231,255,039	020,000,096,000

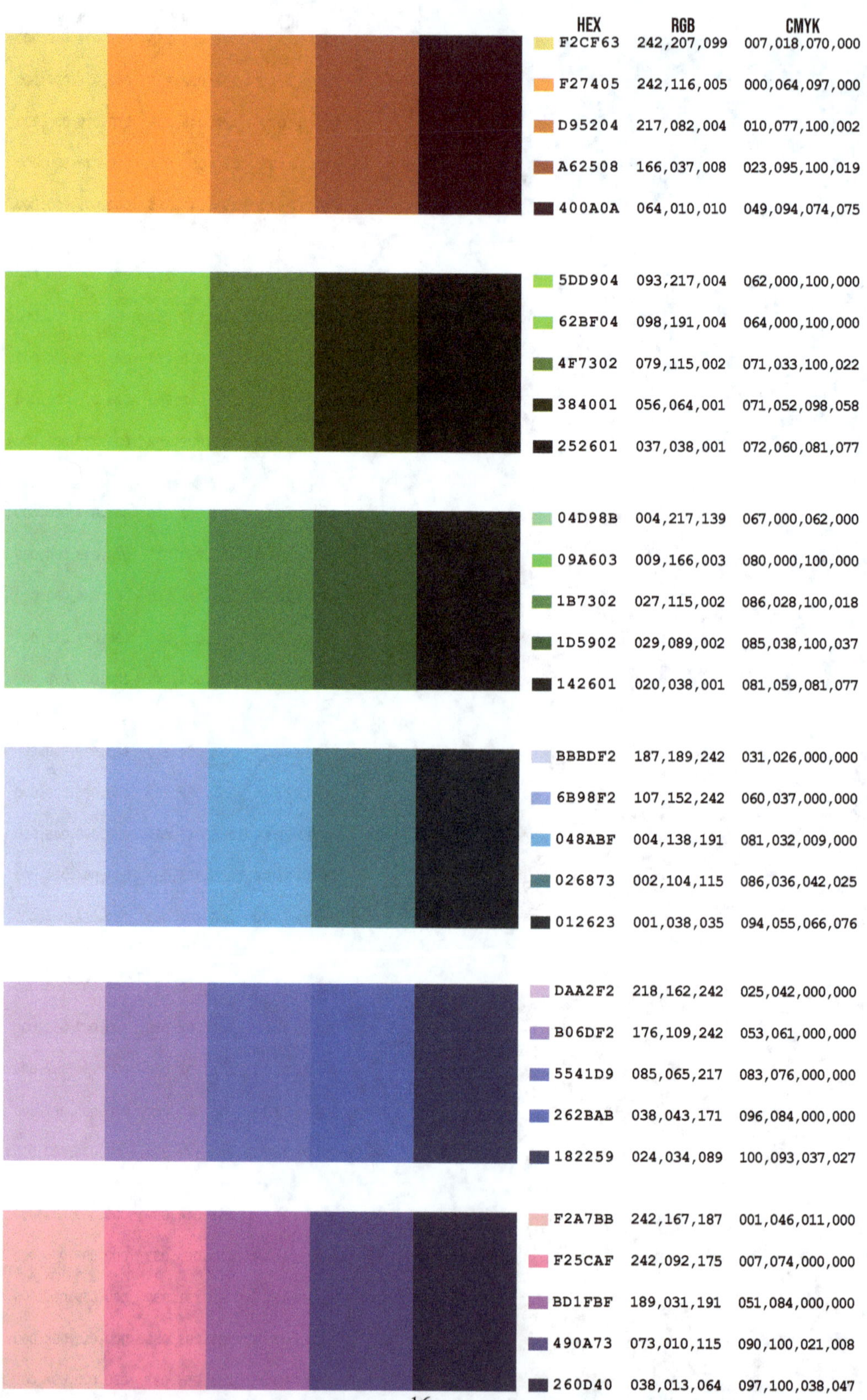

HEX   RGB   CMYK
F2CF63 242,207,099   007,018,070,000
F27405 242,116,005   000,064,097,000
D95204 217,082,004   010,077,100,002
A62508 166,037,008   023,095,100,019
400A0A 064,010,010   049,094,074,075

5DD904 093,217,004   062,000,100,000
62BF04 098,191,004   064,000,100,000
4F7302 079,115,002   071,033,100,022
384001 056,064,001   071,052,098,058
252601 037,038,001   072,060,081,077

04D98B 004,217,139   067,000,062,000
09A603 009,166,003   080,000,100,000
1B7302 027,115,002   086,028,100,018
1D5902 029,089,002   085,038,100,037
142601 020,038,001   081,059,081,077

BBBDF2 187,189,242   031,026,000,000
6B98F2 107,152,242   060,037,000,000
048ABF 004,138,191   081,032,009,000
026873 002,104,115   086,036,042,025
012623 001,038,035   094,055,066,076

DAA2F2 218,162,242   025,042,000,000
B06DF2 176,109,242   053,061,000,000
5541D9 085,065,217   083,076,000,000
262BAB 038,043,171   096,084,000,000
182259 024,034,089   100,093,037,027

F2A7BB 242,167,187   001,046,011,000
F25CAF 242,092,175   007,074,000,000
BD1FBF 189,031,191   051,084,000,000
490A73 073,010,115   090,100,021,008
260D40 038,013,064   097,100,038,047

COMPLEMENTARIO

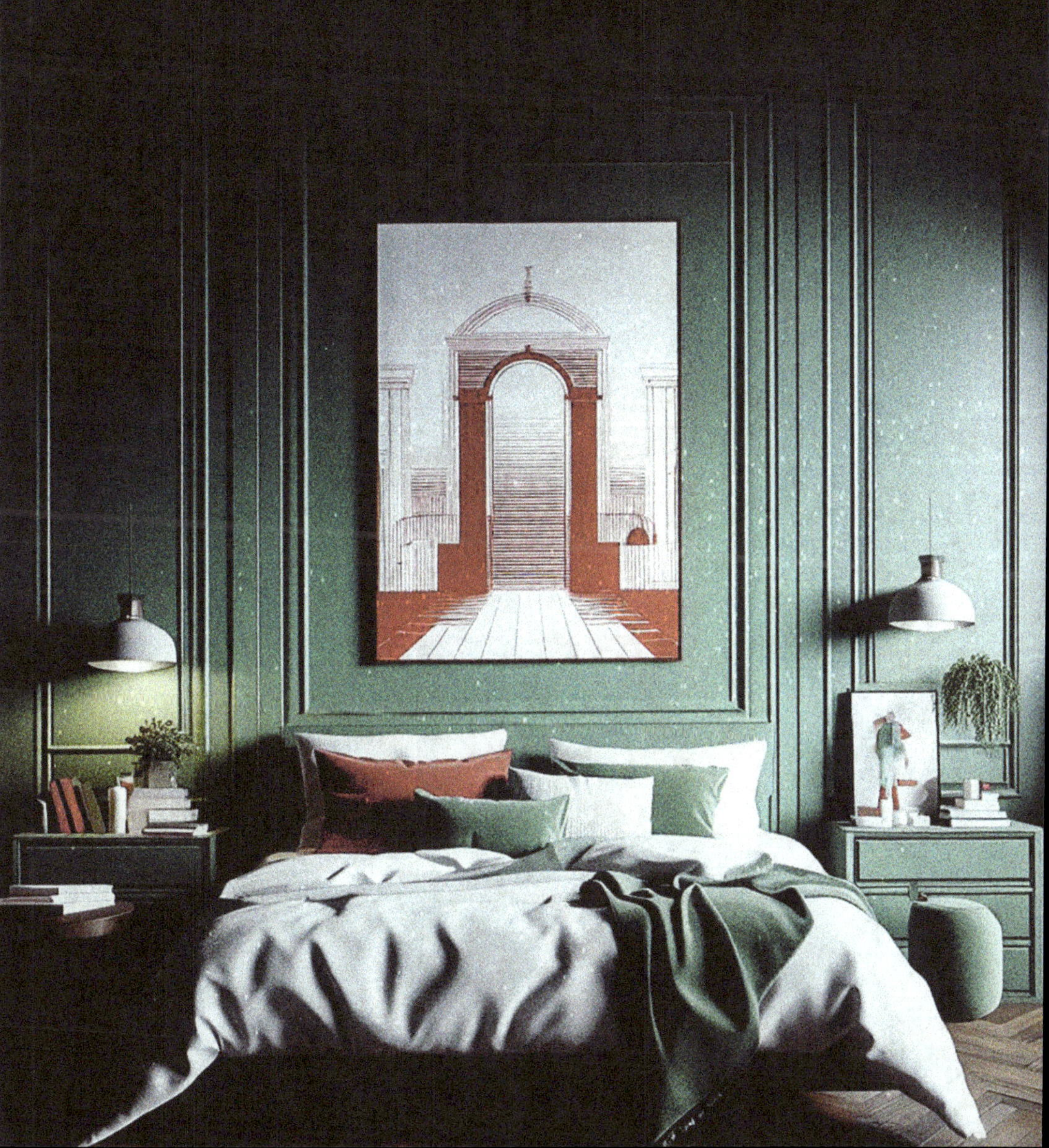

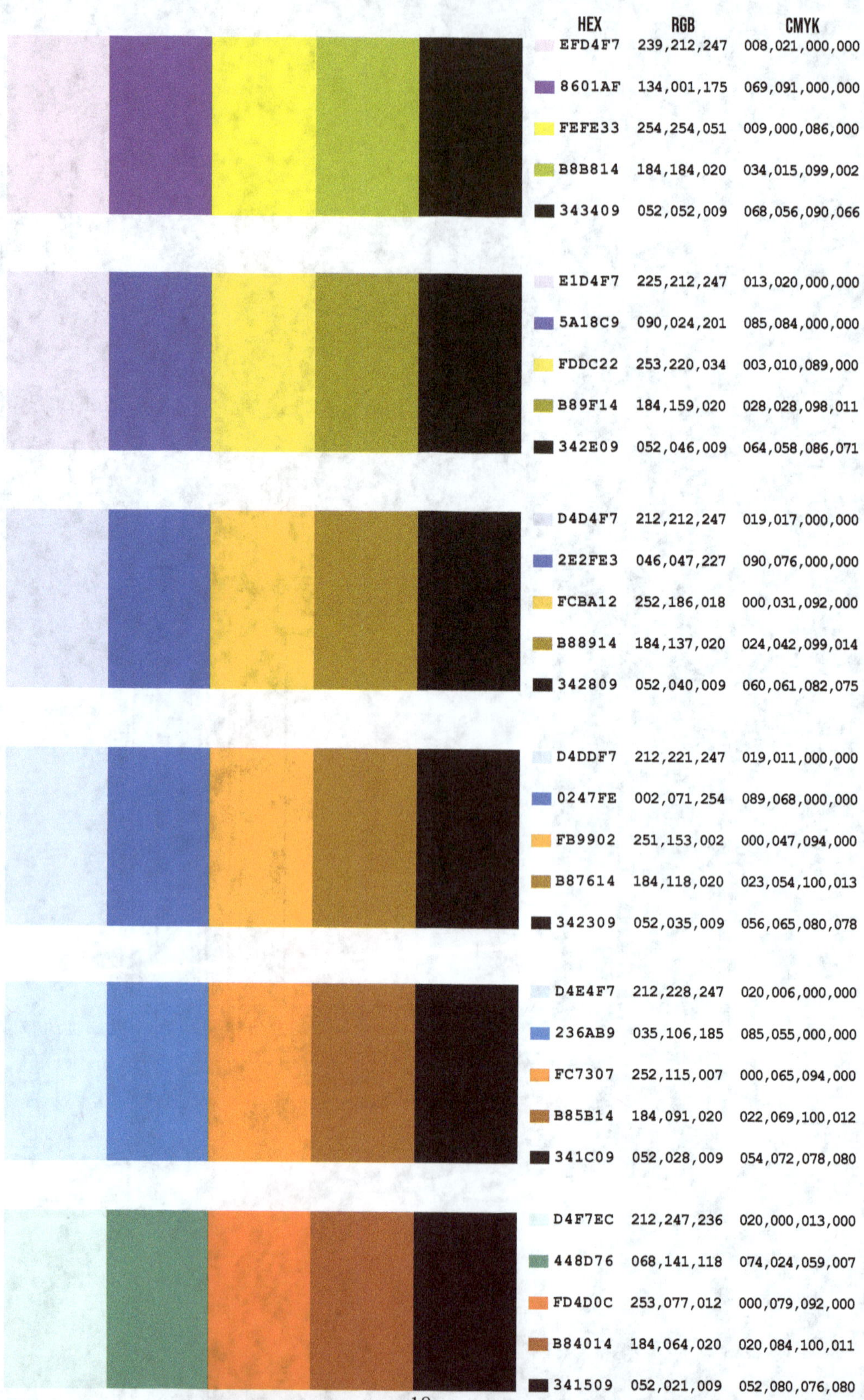

HEX   RGB   CMYK
EFD4F7   239,212,247   008,021,000,000
8601AF   134,001,175   069,091,000,000
FEFE33   254,254,051   009,000,086,000
B8B814   184,184,020   034,015,099,002
343409   052,052,009   068,056,090,066

E1D4F7   225,212,247   013,020,000,000
5A18C9   090,024,201   085,084,000,000
FDDC22   253,220,034   003,010,089,000
B89F14   184,159,020   028,028,098,011
342E09   052,046,009   064,058,086,071

D4D4F7   212,212,247   019,017,000,000
2E2FE3   046,047,227   090,076,000,000
FCBA12   252,186,018   000,031,092,000
B88914   184,137,020   024,042,099,014
342809   052,040,009   060,061,082,075

D4DDF7   212,221,247   019,011,000,000
0247FE   002,071,254   089,068,000,000
FB9902   251,153,002   000,047,094,000
B87614   184,118,020   023,054,100,013
342309   052,035,009   056,065,080,078

D4E4F7   212,228,247   020,006,000,000
236AB9   035,106,185   085,055,000,000
FC7307   252,115,007   000,065,094,000
B85B14   184,091,020   022,069,100,012
341C09   052,028,009   054,072,078,080

D4F7EC   212,247,236   020,000,013,000
448D76   068,141,118   074,024,059,007
FD4D0C   253,077,012   000,079,092,000
B84014   184,064,020   020,084,100,011
341509   052,021,009   052,080,076,080

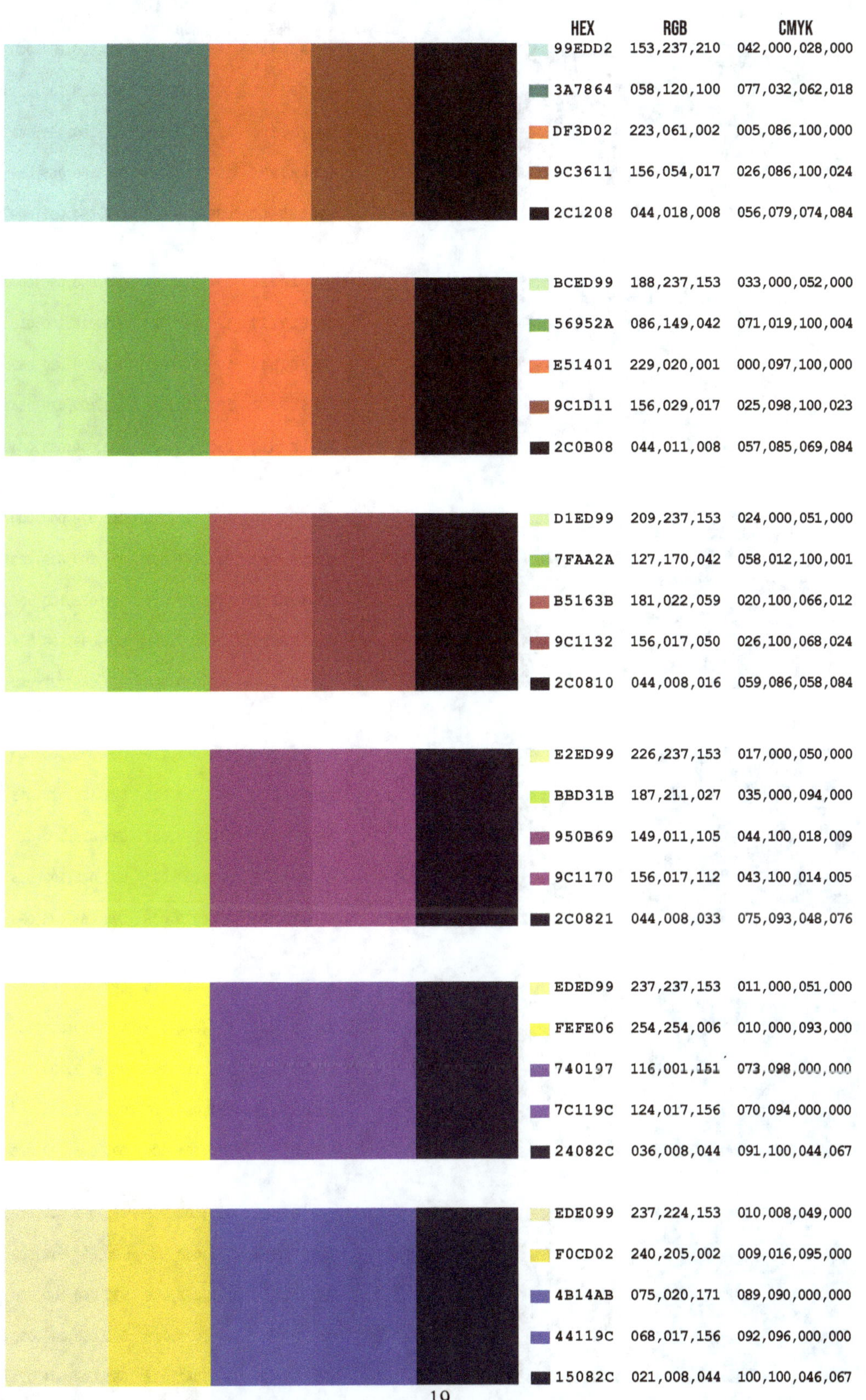

HEX   RGB   CMYK

99EDD2 153,237,210   042,000,028,000
3A7864 058,120,100   077,032,062,018
DF3D02 223,061,002   005,086,100,000
9C3611 156,054,017   026,086,100,024
2C1208 044,018,008   056,079,074,084

BCED99 188,237,153   033,000,052,000
56952A 086,149,042   071,019,100,004
E51401 229,020,001   000,097,100,000
9C1D11 156,029,017   025,098,100,023
2C0B08 044,011,008   057,085,069,084

D1ED99 209,237,153   024,000,051,000
7FAA2A 127,170,042   058,012,100,001
B5163B 181,022,059   020,100,066,012
9C1132 156,017,050   026,100,068,024
2C0810 044,008,016   059,086,058,084

E2ED99 226,237,153   017,000,050,000
BBD31B 187,211,027   035,000,094,000
950B69 149,011,105   044,100,018,009
9C1170 156,017,112   043,100,014,005
2C0821 044,008,033   075,093,048,076

EDED99 237,237,153   011,000,051,000
FEFE06 254,254,006   010,000,093,000
740197 116,001,151   073,098,000,000
7C119C 124,017,156   070,094,000,000
24082C 036,008,044   091,100,044,067

EDE099 237,224,153   010,008,049,000
F0CD02 240,205,002   009,016,095,000
4B14AB 075,020,171   089,090,000,000
44119C 068,017,156   092,096,000,000
15082C 021,008,044   100,100,046,067

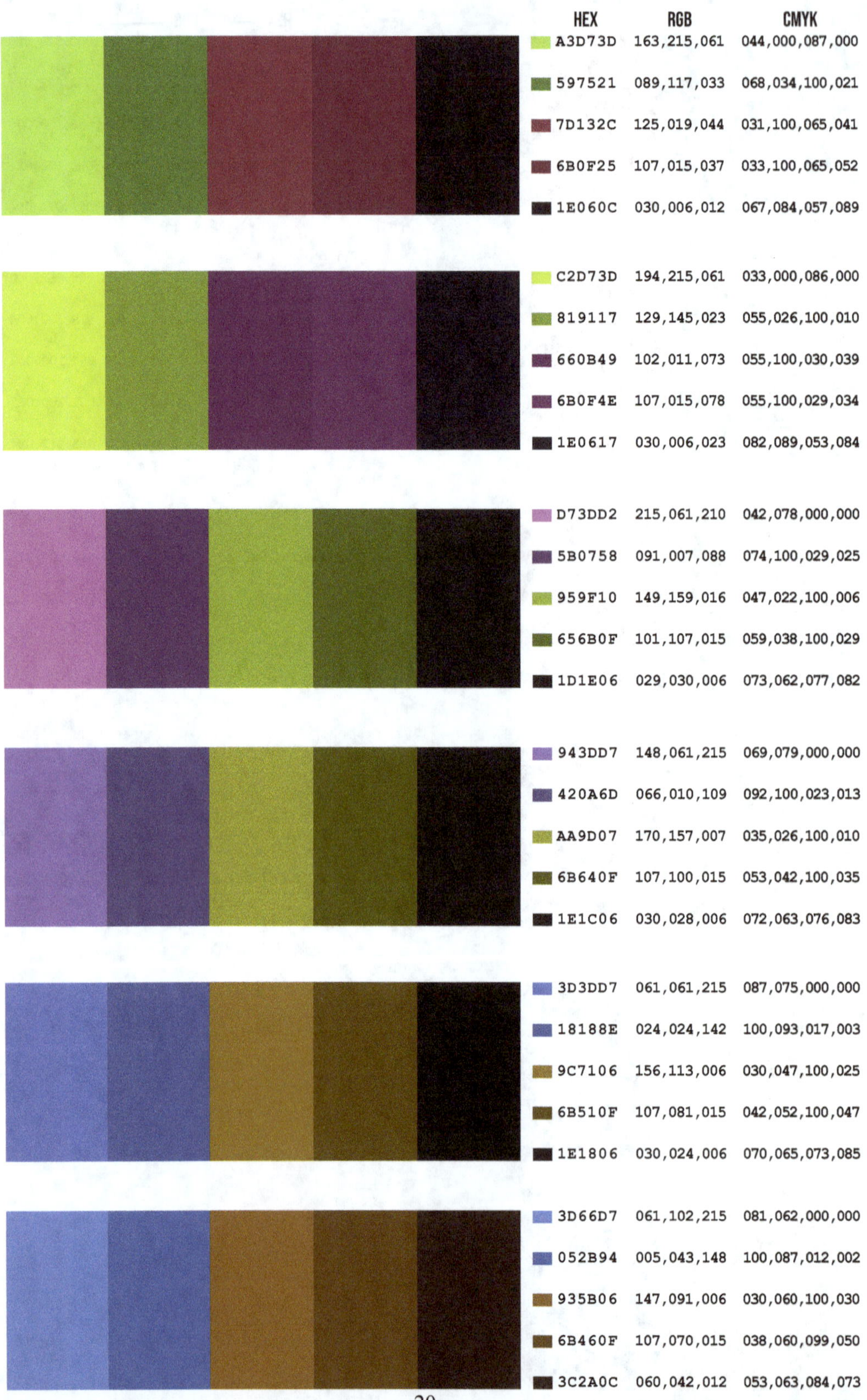

	HEX	RGB	CMYK
	A3D73D	163,215,061	044,000,087,000
	597521	089,117,033	068,034,100,021
	7D132C	125,019,044	031,100,065,041
	6B0F25	107,015,037	033,100,065,052
	1E060C	030,006,012	067,084,057,089
	C2D73D	194,215,061	033,000,086,000
	819117	129,145,023	055,026,100,010
	660B49	102,011,073	055,100,030,039
	6B0F4E	107,015,078	055,100,029,034
	1E0617	030,006,023	082,089,053,084
	D73DD2	215,061,210	042,078,000,000
	5B0758	091,007,088	074,100,029,025
	959F10	149,159,016	047,022,100,006
	656B0F	101,107,015	059,038,100,029
	1D1E06	029,030,006	073,062,077,082
	943DD7	148,061,215	069,079,000,000
	420A6D	066,010,109	092,100,023,013
	AA9D07	170,157,007	035,026,100,010
	6B640F	107,100,015	053,042,100,035
	1E1C06	030,028,006	072,063,076,083
	3D3DD7	061,061,215	087,075,000,000
	18188E	024,024,142	100,093,017,003
	9C7106	156,113,006	030,047,100,025
	6B510F	107,081,015	042,052,100,047
	1E1806	030,024,006	070,065,073,085
	3D66D7	061,102,215	081,062,000,000
	052B94	005,043,148	100,087,012,002
	935B06	147,091,006	030,060,100,030
	6B460F	107,070,015	038,060,099,050
	3C2A0C	060,042,012	053,063,084,073

PALETAS DE COLORES

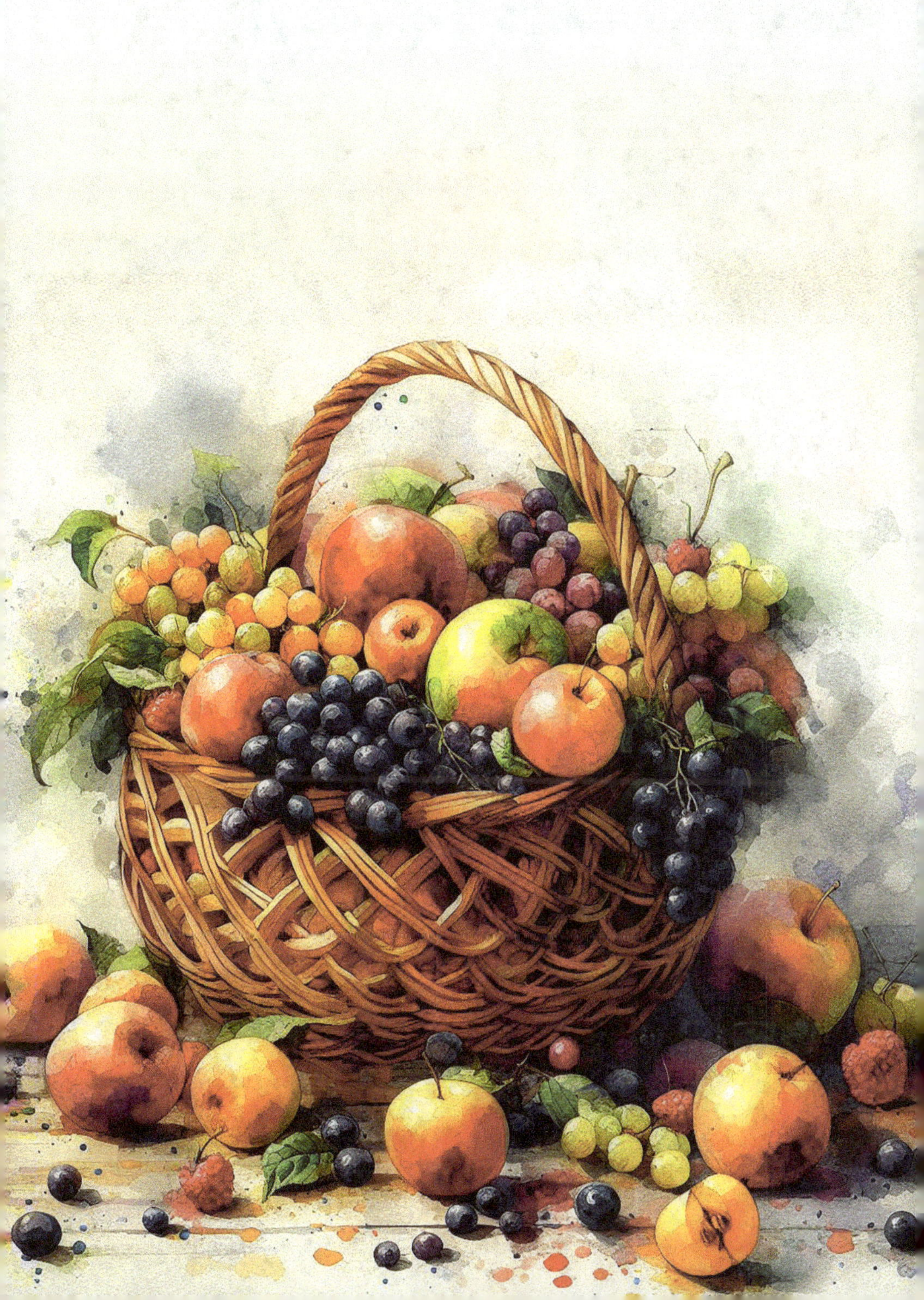

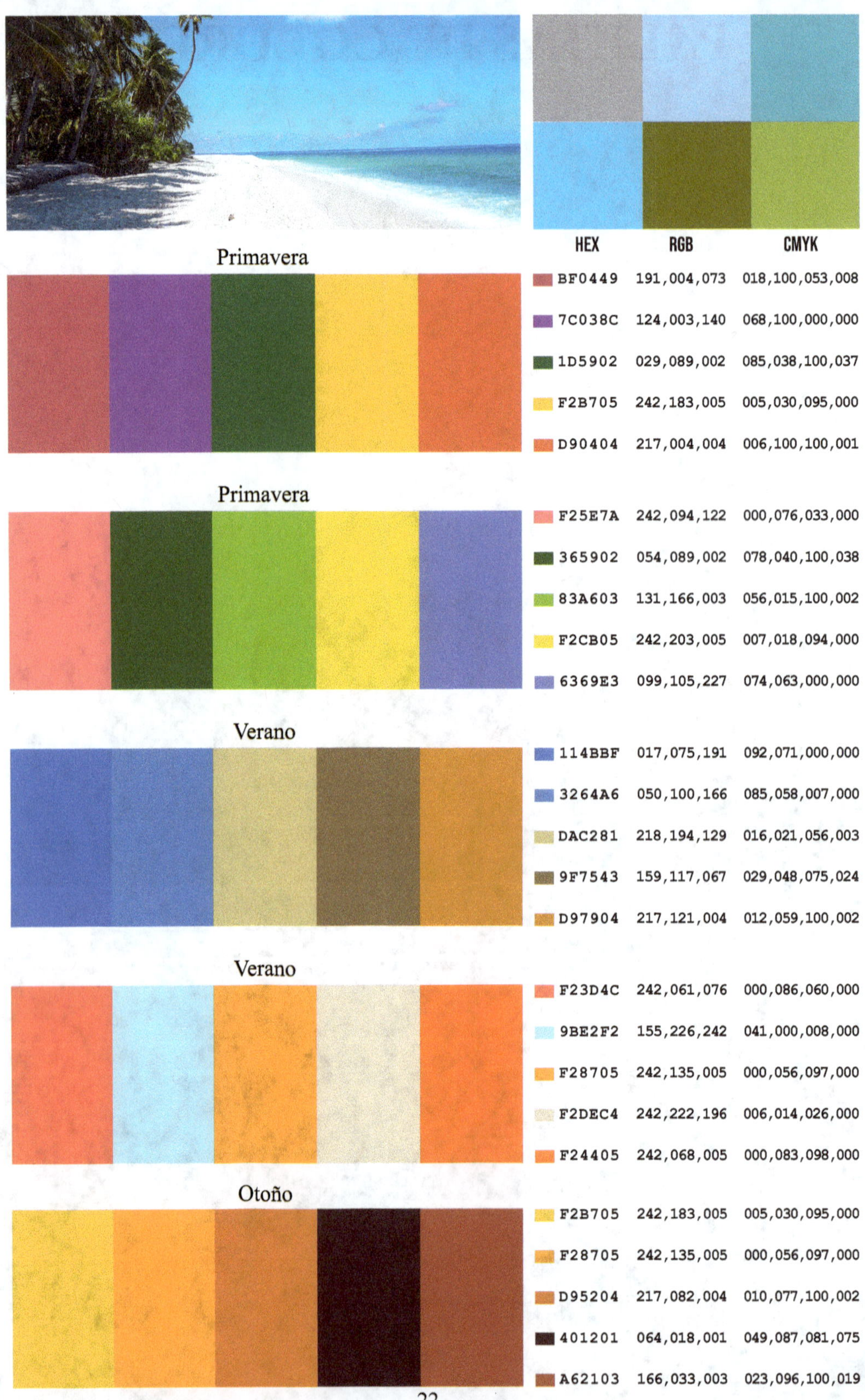

Primavera

HEX	RGB	CMYK
BF0449	191,004,073	018,100,053,008
7C038C	124,003,140	068,100,000,000
1D5902	029,089,002	085,038,100,037
F2B705	242,183,005	005,030,095,000
D90404	217,004,004	006,100,100,001

Primavera

HEX	RGB	CMYK
F25E7A	242,094,122	000,076,033,000
365902	054,089,002	078,040,100,038
83A603	131,166,003	056,015,100,002
F2CB05	242,203,005	007,018,094,000
6369E3	099,105,227	074,063,000,000

Verano

HEX	RGB	CMYK
114BBF	017,075,191	092,071,000,000
3264A6	050,100,166	085,058,007,000
DAC281	218,194,129	016,021,056,003
9F7543	159,117,067	029,048,075,024
D97904	217,121,004	012,059,100,002

Verano

HEX	RGB	CMYK
F23D4C	242,061,076	000,086,060,000
9BE2F2	155,226,242	041,000,008,000
F28705	242,135,005	000,056,097,000
F2DEC4	242,222,196	006,014,026,000
F24405	242,068,005	000,083,098,000

Otoño

HEX	RGB	CMYK
F2B705	242,183,005	005,030,095,000
F28705	242,135,005	000,056,097,000
D95204	217,082,004	010,077,100,002
401201	064,018,001	049,087,081,075
A62103	166,033,003	023,096,100,019

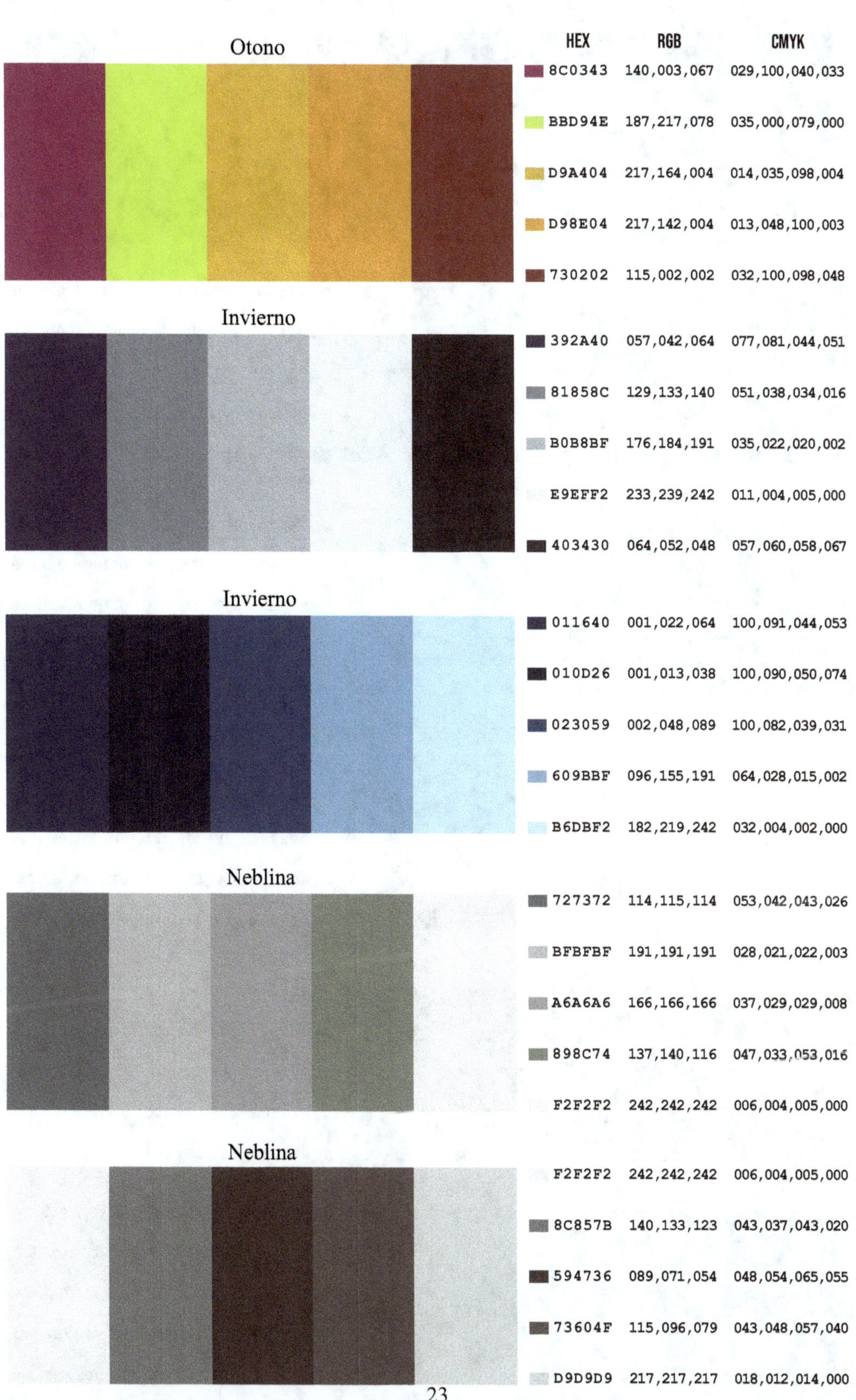

	HEX	RGB	CMYK

Otoño

	HEX	RGB	CMYK
	8C0343	140,003,067	029,100,040,033
	BBD94E	187,217,078	035,000,079,000
	D9A404	217,164,004	014,035,098,004
	D98E04	217,142,004	013,048,100,003
	730202	115,002,002	032,100,098,048

Invierno

	HEX	RGB	CMYK
	392A40	057,042,064	077,081,044,051
	81858C	129,133,140	051,038,034,016
	B0B8BF	176,184,191	035,022,020,002
	E9EFF2	233,239,242	011,004,005,000
	403430	064,052,048	057,060,058,067

Invierno

	HEX	RGB	CMYK
	011640	001,022,064	100,091,044,053
	010D26	001,013,038	100,090,050,074
	023059	002,048,089	100,082,039,031
	609BBF	096,155,191	064,028,015,002
	B6DBF2	182,219,242	032,004,002,000

Neblina

	HEX	RGB	CMYK
	727372	114,115,114	053,042,043,026
	BFBFBF	191,191,191	028,021,022,003
	A6A6A6	166,166,166	037,029,029,008
	898C74	137,140,116	047,033,053,016
	F2F2F2	242,242,242	006,004,005,000

Neblina

	HEX	RGB	CMYK
	F2F2F2	242,242,242	006,004,005,000
	8C857B	140,133,123	043,037,043,020
	594736	089,071,054	048,054,065,055
	73604F	115,096,079	043,048,057,040
	D9D9D9	217,217,217	018,012,014,000

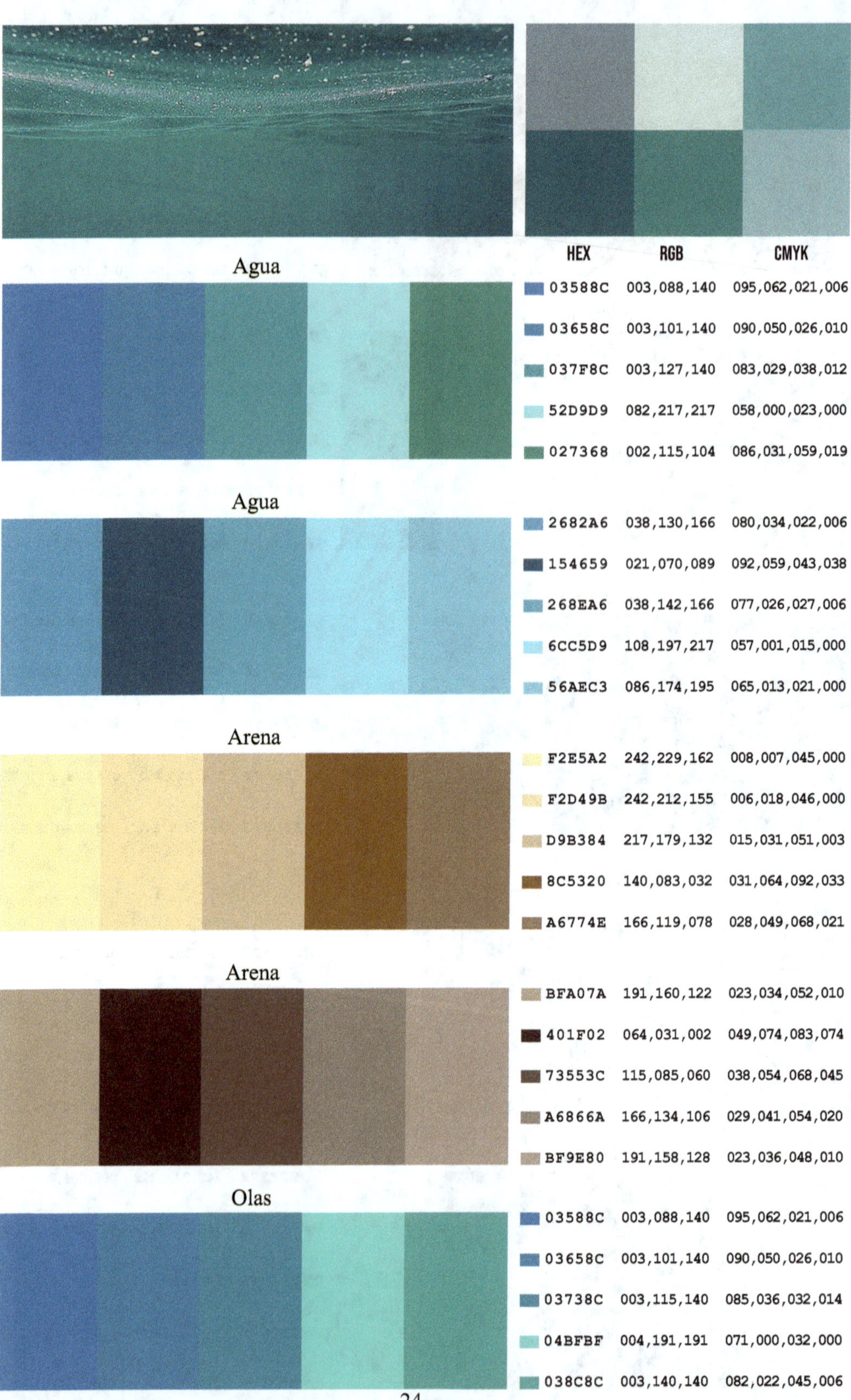

Agua

HEX	RGB	CMYK
03588C	003,088,140	095,062,021,006
03658C	003,101,140	090,050,026,010
037F8C	003,127,140	083,029,038,012
52D9D9	082,217,217	058,000,023,000
027368	002,115,104	086,031,059,019

Agua

HEX	RGB	CMYK
2682A6	038,130,166	080,034,022,006
154659	021,070,089	092,059,043,038
268EA6	038,142,166	077,026,027,006
6CC5D9	108,197,217	057,001,015,000
56AEC3	086,174,195	065,013,021,000

Arena

HEX	RGB	CMYK
F2E5A2	242,229,162	008,007,045,000
F2D49B	242,212,155	006,018,046,000
D9B384	217,179,132	015,031,051,003
8C5320	140,083,032	031,064,092,033
A6774E	166,119,078	028,049,068,021

Arena

HEX	RGB	CMYK
BFA07A	191,160,122	023,034,052,010
401F02	064,031,002	049,074,083,074
73553C	115,085,060	038,054,068,045
A6866A	166,134,106	029,041,054,020
BF9E80	191,158,128	023,036,048,010

Olas

HEX	RGB	CMYK
03588C	003,088,140	095,062,021,006
03658C	003,101,140	090,050,026,010
03738C	003,115,140	085,036,032,014
04BFBF	004,191,191	071,000,032,000
038C8C	003,140,140	082,022,045,006

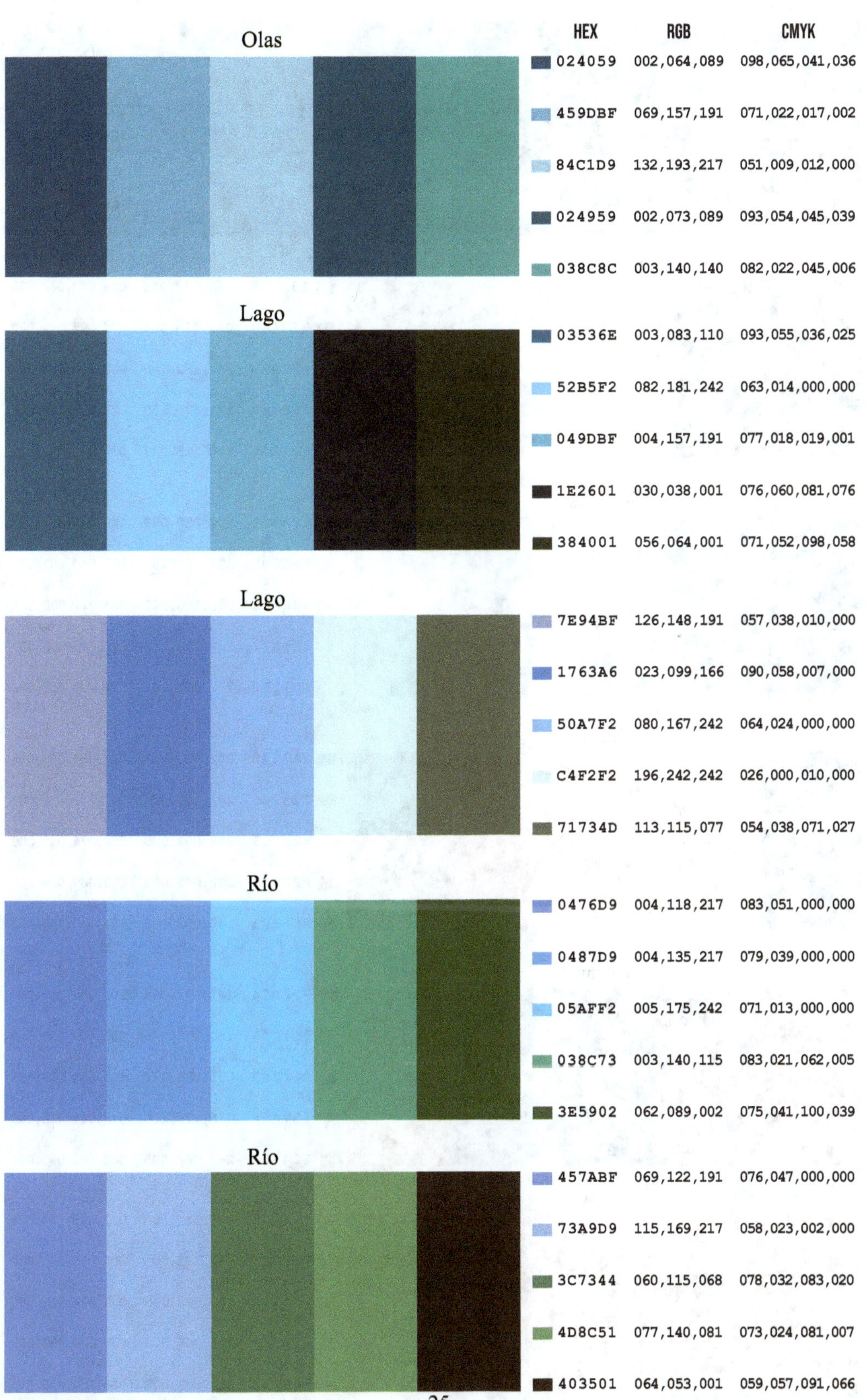

	HEX	RGB	CMYK

Olas

	HEX	RGB	CMYK
	024059	002,064,089	098,065,041,036
	459DBF	069,157,191	071,022,017,002
	84C1D9	132,193,217	051,009,012,000
	024959	002,073,089	093,054,045,039
	038C8C	003,140,140	082,022,045,006

Lago

	HEX	RGB	CMYK
	03536E	003,083,110	093,055,036,025
	52B5F2	082,181,242	063,014,000,000
	049DBF	004,157,191	077,018,019,001
	1E2601	030,038,001	076,060,081,076
	384001	056,064,001	071,052,098,058

Lago

	HEX	RGB	CMYK
	7E94BF	126,148,191	057,038,010,000
	1763A6	023,099,166	090,058,007,000
	50A7F2	080,167,242	064,024,000,000
	C4F2F2	196,242,242	026,000,010,000
	71734D	113,115,077	054,038,071,027

Río

	HEX	RGB	CMYK
	0476D9	004,118,217	083,051,000,000
	0487D9	004,135,217	079,039,000,000
	05AFF2	005,175,242	071,013,000,000
	038C73	003,140,115	083,021,062,005
	3E5902	062,089,002	075,041,100,039

Río

	HEX	RGB	CMYK
	457ABF	069,122,191	076,047,000,000
	73A9D9	115,169,217	058,023,002,000
	3C7344	060,115,068	078,032,083,020
	4D8C51	077,140,081	073,024,081,007
	403501	064,053,001	059,057,091,066

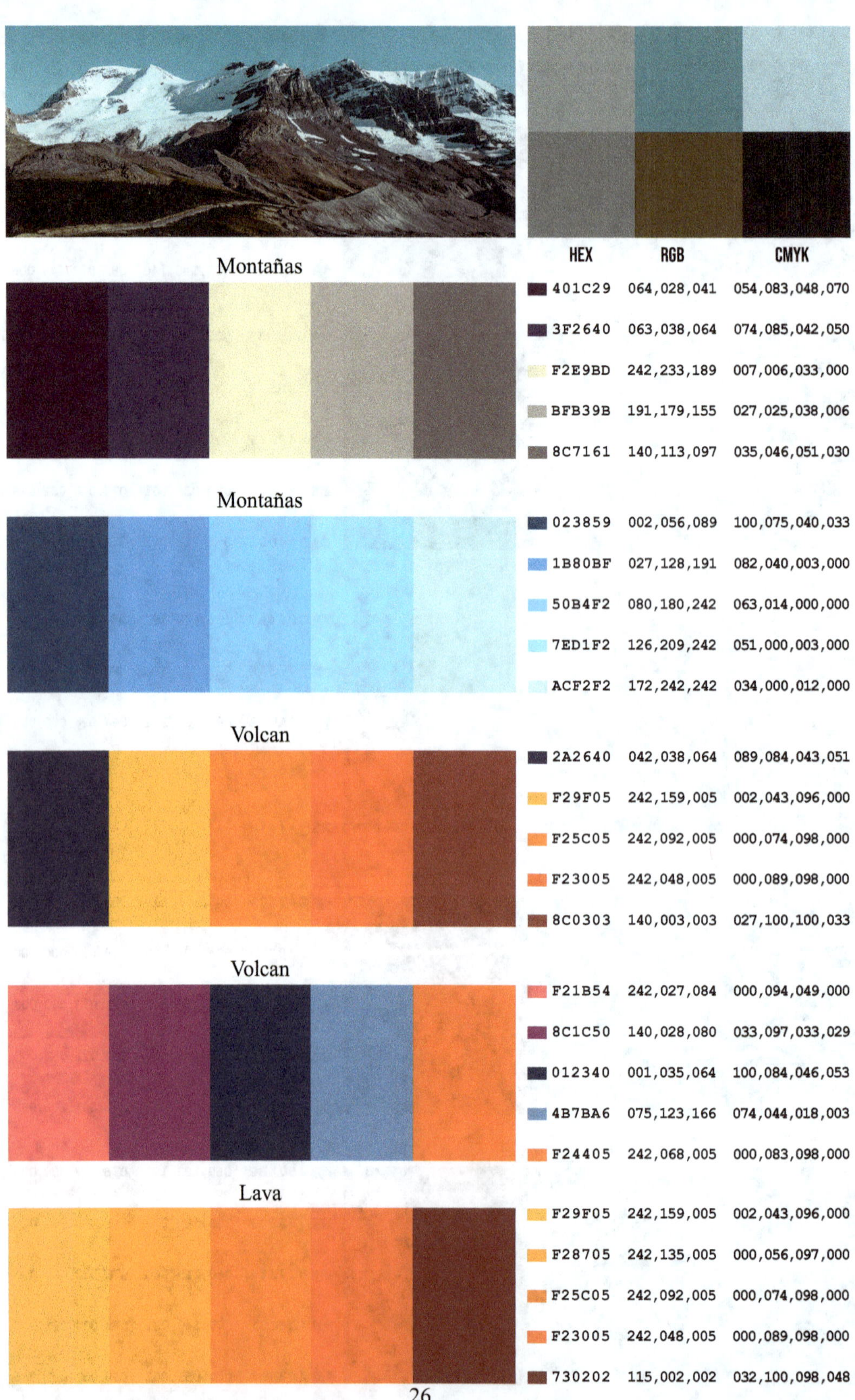

Montañas

	HEX	RGB	CMYK
	401C29	064,028,041	054,083,048,070
	3F2640	063,038,064	074,085,042,050
	F2E9BD	242,233,189	007,006,033,000
	BFB39B	191,179,155	027,025,038,006
	8C7161	140,113,097	035,046,051,030

Montañas

	HEX	RGB	CMYK
	023859	002,056,089	100,075,040,033
	1B80BF	027,128,191	082,040,003,000
	50B4F2	080,180,242	063,014,000,000
	7ED1F2	126,209,242	051,000,003,000
	ACF2F2	172,242,242	034,000,012,000

Volcan

	HEX	RGB	CMYK
	2A2640	042,038,064	089,084,043,051
	F29F05	242,159,005	002,043,096,000
	F25C05	242,092,005	000,074,098,000
	F23005	242,048,005	000,089,098,000
	8C0303	140,003,003	027,100,100,033

Volcan

	HEX	RGB	CMYK
	F21B54	242,027,084	000,094,049,000
	8C1C50	140,028,080	033,097,033,029
	012340	001,035,064	100,084,046,053
	4B7BA6	075,123,166	074,044,018,003
	F24405	242,068,005	000,083,098,000

Lava

	HEX	RGB	CMYK
	F29F05	242,159,005	002,043,096,000
	F28705	242,135,005	000,056,097,000
	F25C05	242,092,005	000,074,098,000
	F23005	242,048,005	000,089,098,000
	730202	115,002,002	032,100,098,048

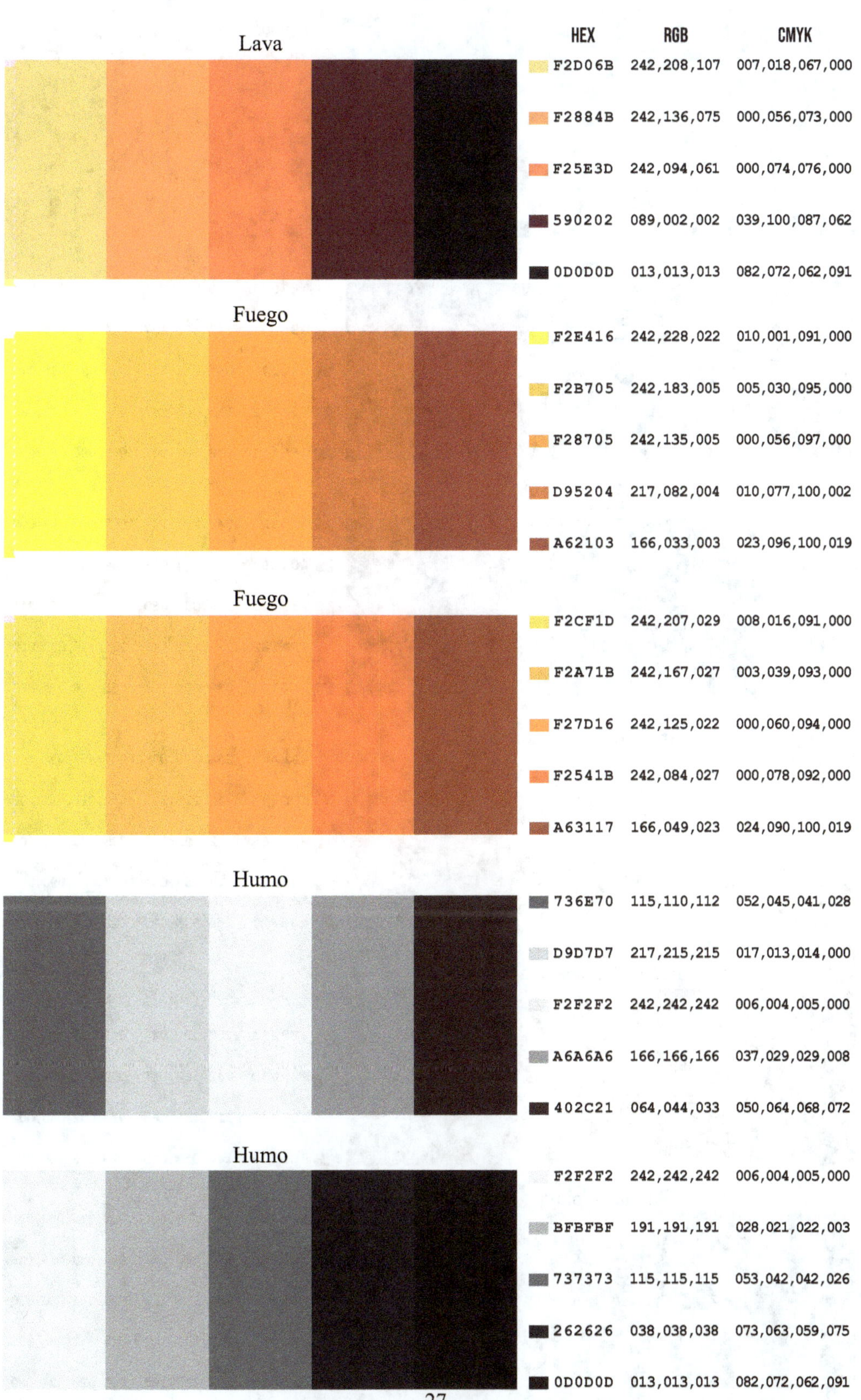

	HEX	RGB	CMYK

Lava

HEX	RGB	CMYK
F2D06B	242,208,107	007,018,067,000
F2884B	242,136,075	000,056,073,000
F25E3D	242,094,061	000,074,076,000
590202	089,002,002	039,100,087,062
0D0D0D	013,013,013	082,072,062,091

Fuego

HEX	RGB	CMYK
F2E416	242,228,022	010,001,091,000
F2B705	242,183,005	005,030,095,000
F28705	242,135,005	000,056,097,000
D95204	217,082,004	010,077,100,002
A62103	166,033,003	023,096,100,019

Fuego

HEX	RGB	CMYK
F2CF1D	242,207,029	008,016,091,000
F2A71B	242,167,027	003,039,093,000
F27D16	242,125,022	000,060,094,000
F2541B	242,084,027	000,078,092,000
A63117	166,049,023	024,090,100,019

Humo

HEX	RGB	CMYK
736E70	115,110,112	052,045,041,028
D9D7D7	217,215,215	017,013,014,000
F2F2F2	242,242,242	006,004,005,000
A6A6A6	166,166,166	037,029,029,008
402C21	064,044,033	050,064,068,072

Humo

HEX	RGB	CMYK
F2F2F2	242,242,242	006,004,005,000
BFBFBF	191,191,191	028,021,022,003
737373	115,115,115	053,042,042,026
262626	038,038,038	073,063,059,075
0D0D0D	013,013,013	082,072,062,091

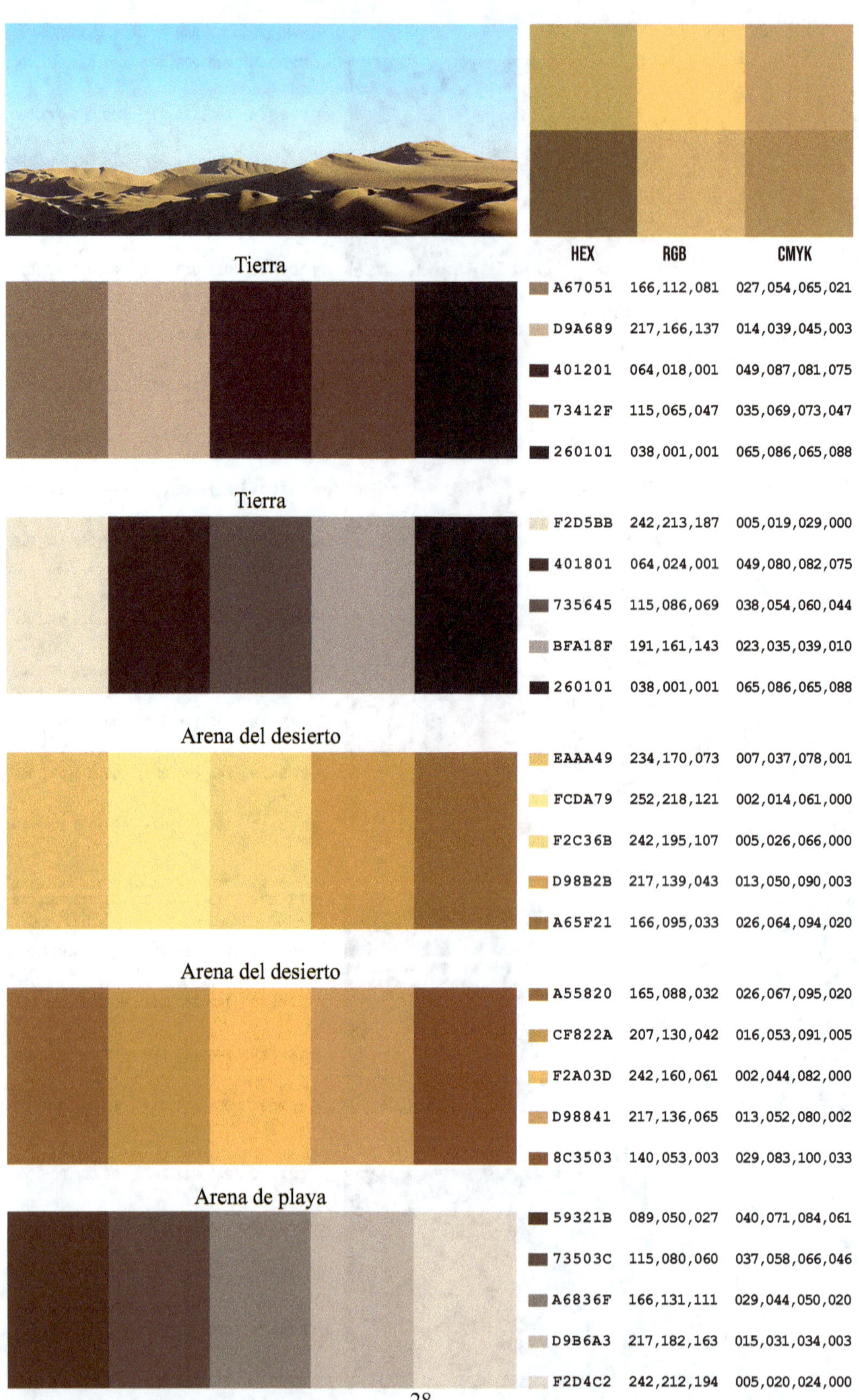

Tierra

	HEX	RGB	CMYK
	A67051	166,112,081	027,054,065,021
	D9A689	217,166,137	014,039,045,003
	401201	064,018,001	049,087,081,075
	73412F	115,065,047	035,069,073,047
	260101	038,001,001	065,086,065,088

Tierra

	HEX	RGB	CMYK
	F2D5BB	242,213,187	005,019,029,000
	401801	064,024,001	049,080,082,075
	735645	115,086,069	038,054,060,044
	BFA18F	191,161,143	023,035,039,010
	260101	038,001,001	065,086,065,088

Arena del desierto

	HEX	RGB	CMYK
	EAAA49	234,170,073	007,037,078,001
	FCDA79	252,218,121	002,014,061,000
	F2C36B	242,195,107	005,026,066,000
	D98B2B	217,139,043	013,050,090,003
	A65F21	166,095,033	026,064,094,020

Arena del desierto

	HEX	RGB	CMYK
	A55820	165,088,032	026,067,095,020
	CF822A	207,130,042	016,053,091,005
	F2A03D	242,160,061	002,044,082,000
	D98841	217,136,065	013,052,080,002
	8C3503	140,053,003	029,083,100,033

Arena de playa

	HEX	RGB	CMYK
	59321B	089,050,027	040,071,084,061
	73503C	115,080,060	037,058,066,046
	A6836F	166,131,111	029,044,050,020
	D9B6A3	217,182,163	015,031,034,003
	F2D4C2	242,212,194	005,020,024,000

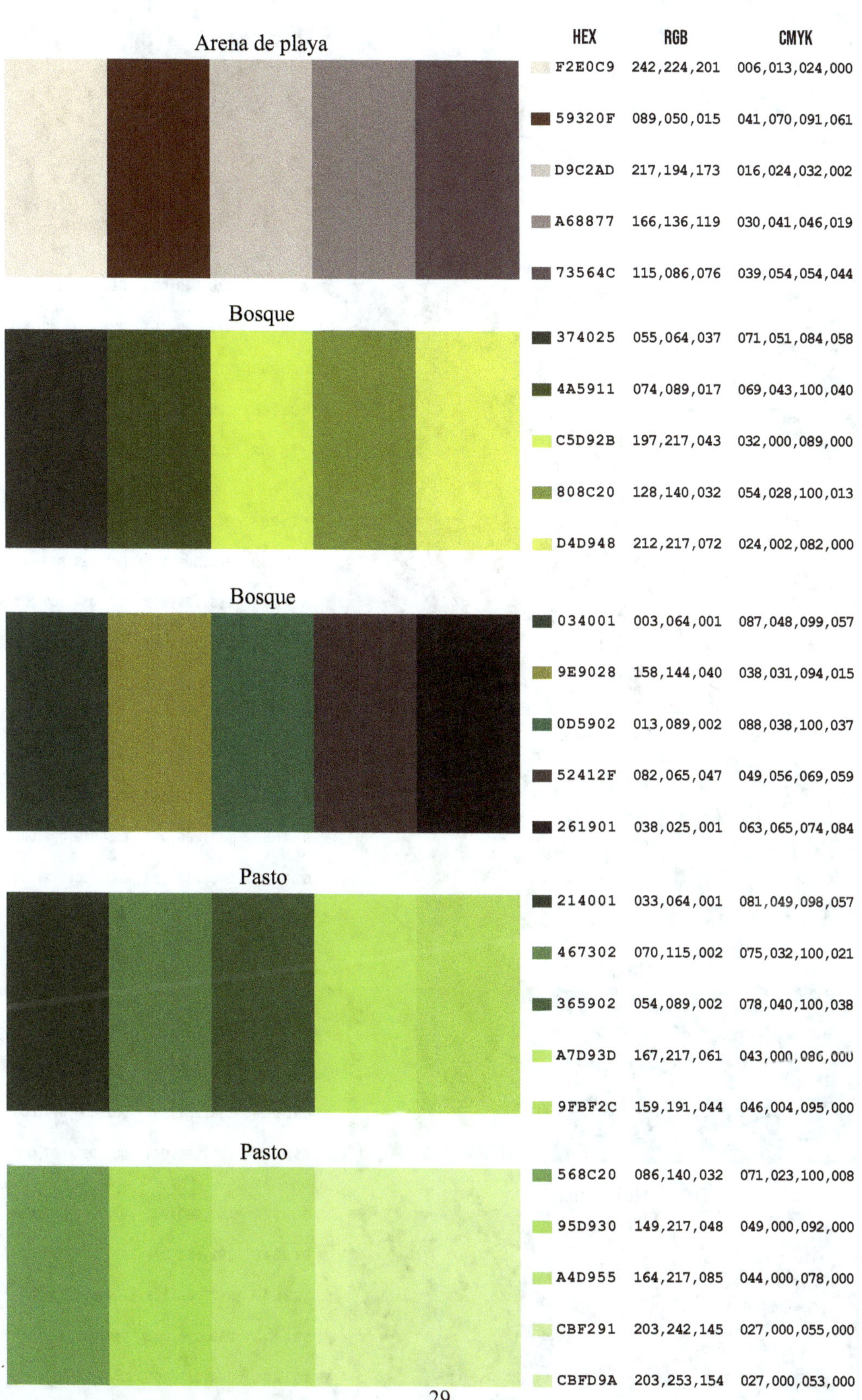

Arena de playa

HEX   RGB   CMYK
F2E0C9   242,224,201   006,013,024,000
59320F   089,050,015   041,070,091,061
D9C2AD   217,194,173   016,024,032,002
A68877   166,136,119   030,041,046,019
73564C   115,086,076   039,054,054,044

Bosque

374025   055,064,037   071,051,084,058
4A5911   074,089,017   069,043,100,040
C5D92B   197,217,043   032,000,089,000
808C20   128,140,032   054,028,100,013
D4D948   212,217,072   024,002,082,000

Bosque

034001   003,064,001   087,048,099,057
9E9028   158,144,040   038,031,094,015
0D5902   013,089,002   088,038,100,037
52412F   082,065,047   049,056,069,059
261901   038,025,001   063,065,074,084

Pasto

214001   033,064,001   081,049,098,057
467302   070,115,002   075,032,100,021
365902   054,089,002   078,040,100,038
A7D93D   167,217,061   043,000,086,000
9FBF2C   159,191,044   046,004,095,000

Pasto

568C20   086,140,032   071,023,100,008
95D930   149,217,048   049,000,092,000
A4D955   164,217,085   044,000,078,000
CBF291   203,242,145   027,000,055,000
CBFD9A   203,253,154   027,000,053,000

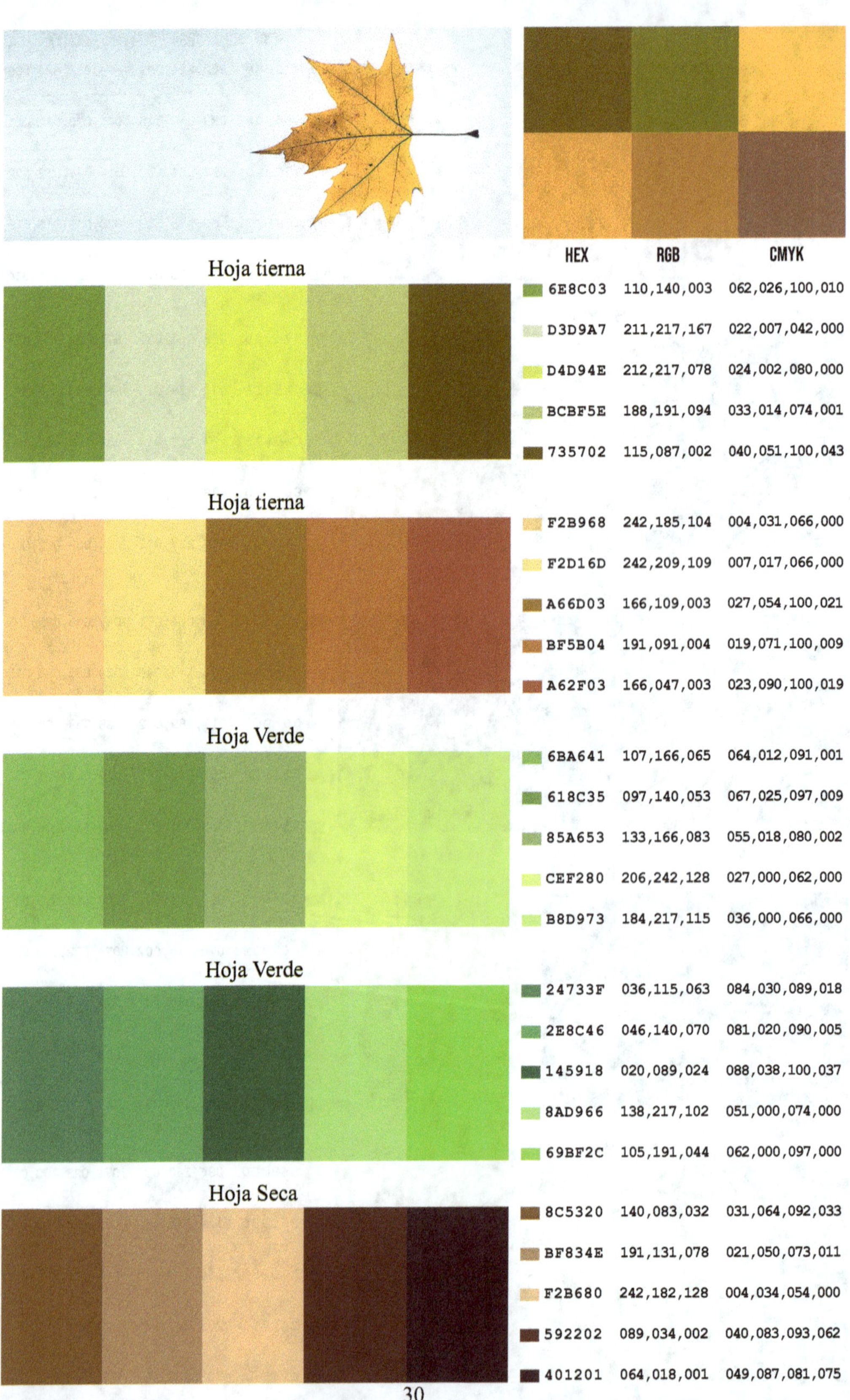

Hoja tierna

HEX	RGB	CMYK
6E8C03	110,140,003	062,026,100,010
D3D9A7	211,217,167	022,007,042,000
D4D94E	212,217,078	024,002,080,000
BCBF5E	188,191,094	033,014,074,001
735702	115,087,002	040,051,100,043

Hoja tierna

HEX	RGB	CMYK
F2B968	242,185,104	004,031,066,000
F2D16D	242,209,109	007,017,066,000
A66D03	166,109,003	027,054,100,021
BF5B04	191,091,004	019,071,100,009
A62F03	166,047,003	023,090,100,019

Hoja Verde

HEX	RGB	CMYK
6BA641	107,166,065	064,012,091,001
618C35	097,140,053	067,025,097,009
85A653	133,166,083	055,018,080,002
CEF280	206,242,128	027,000,062,000
B8D973	184,217,115	036,000,066,000

Hoja Verde

HEX	RGB	CMYK
24733F	036,115,063	084,030,089,018
2E8C46	046,140,070	081,020,090,005
145918	020,089,024	088,038,100,037
8AD966	138,217,102	051,000,074,000
69BF2C	105,191,044	062,000,097,000

Hoja Seca

HEX	RGB	CMYK
8C5320	140,083,032	031,064,092,033
BF834E	191,131,078	021,050,073,011
F2B680	242,182,128	004,034,054,000
592202	089,034,002	040,083,093,062
401201	064,018,001	049,087,081,075

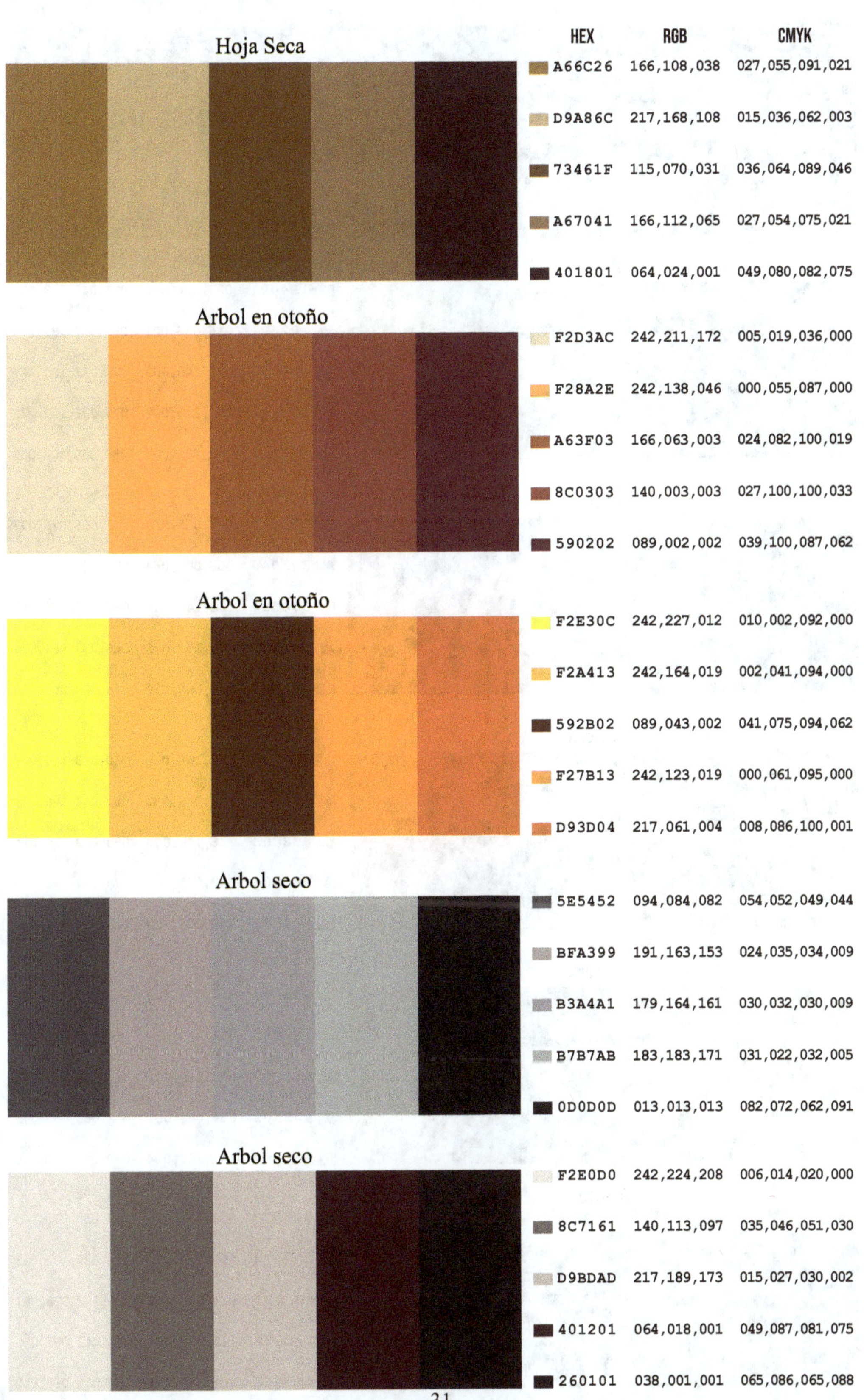

	HEX	RGB	CMYK
	A66C26	166,108,038	027,055,091,021
	D9A86C	217,168,108	015,036,062,003
	73461F	115,070,031	036,064,089,046
	A67041	166,112,065	027,054,075,021
	401801	064,024,001	049,080,082,075

	HEX	RGB	CMYK
	F2D3AC	242,211,172	005,019,036,000
	F28A2E	242,138,046	000,055,087,000
	A63F03	166,063,003	024,082,100,019
	8C0303	140,003,003	027,100,100,033
	590202	089,002,002	039,100,087,062

	HEX	RGB	CMYK
	F2E30C	242,227,012	010,002,092,000
	F2A413	242,164,019	002,041,094,000
	592B02	089,043,002	041,075,094,062
	F27B13	242,123,019	000,061,095,000
	D93D04	217,061,004	008,086,100,001

	HEX	RGB	CMYK
	5E5452	094,084,082	054,052,049,044
	BFA399	191,163,153	024,035,034,009
	B3A4A1	179,164,161	030,032,030,009
	B7B7AB	183,183,171	031,022,032,005
	0D0D0D	013,013,013	082,072,062,091

	HEX	RGB	CMYK
	F2E0D0	242,224,208	006,014,020,000
	8C7161	140,113,097	035,046,051,030
	D9BDAD	217,189,173	015,027,030,002
	401201	064,018,001	049,087,081,075
	260101	038,001,001	065,086,065,088

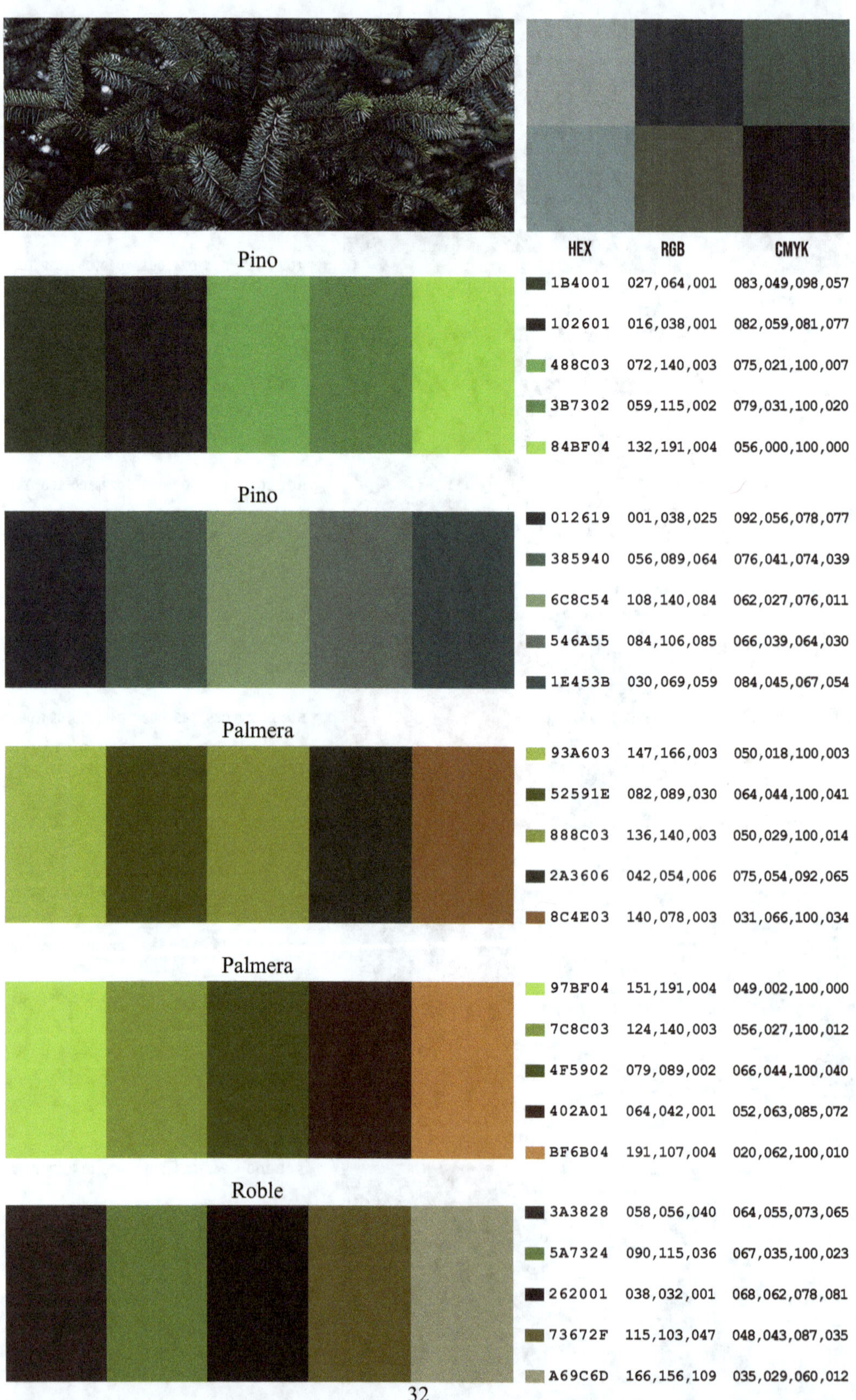

Pino

HEX	RGB	CMYK
1B4001	027,064,001	083,049,098,057
102601	016,038,001	082,059,081,077
488C03	072,140,003	075,021,100,007
3B7302	059,115,002	079,031,100,020
84BF04	132,191,004	056,000,100,000

Pino

HEX	RGB	CMYK
012619	001,038,025	092,056,078,077
385940	056,089,064	076,041,074,039
6C8C54	108,140,084	062,027,076,011
546A55	084,106,085	066,039,064,030
1E453B	030,069,059	084,045,067,054

Palmera

HEX	RGB	CMYK
93A603	147,166,003	050,018,100,003
52591E	082,089,030	064,044,100,041
888C03	136,140,003	050,029,100,014
2A3606	042,054,006	075,054,092,065
8C4E03	140,078,003	031,066,100,034

Palmera

HEX	RGB	CMYK
97BF04	151,191,004	049,002,100,000
7C8C03	124,140,003	056,027,100,012
4F5902	079,089,002	066,044,100,040
402A01	064,042,001	052,063,085,072
BF6B04	191,107,004	020,062,100,010

Roble

HEX	RGB	CMYK
3A3828	058,056,040	064,055,073,065
5A7324	090,115,036	067,035,100,023
262001	038,032,001	068,062,078,081
73672F	115,103,047	048,043,087,035
A69C6D	166,156,109	035,029,060,012

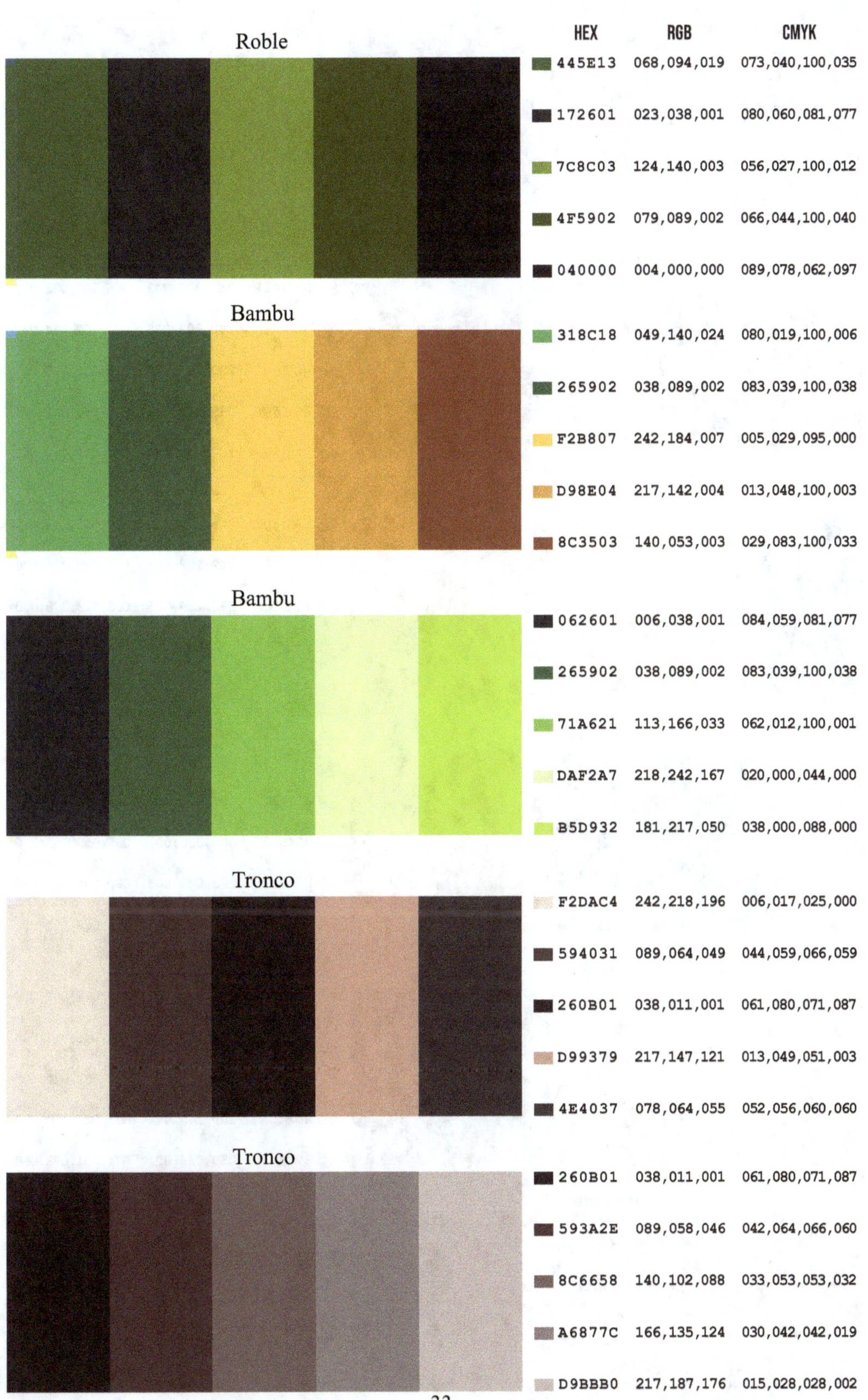

	HEX	RGB	CMYK

Roble

	HEX	RGB	CMYK
	445E13	068,094,019	073,040,100,035
	172601	023,038,001	080,060,081,077
	7C8C03	124,140,003	056,027,100,012
	4F5902	079,089,002	066,044,100,040
	040000	004,000,000	089,078,062,097

Bambu

	HEX	RGB	CMYK
	318C18	049,140,024	080,019,100,006
	265902	038,089,002	083,039,100,038
	F2B807	242,184,007	005,029,095,000
	D98E04	217,142,004	013,048,100,003
	8C3503	140,053,003	029,083,100,033

Bambu

	HEX	RGB	CMYK
	062601	006,038,001	084,059,081,077
	265902	038,089,002	083,039,100,038
	71A621	113,166,033	062,012,100,001
	DAF2A7	218,242,167	020,000,044,000
	B5D932	181,217,050	038,000,088,000

Tronco

	HEX	RGB	CMYK
	F2DAC4	242,218,196	006,017,025,000
	594031	089,064,049	044,059,066,059
	260B01	038,011,001	061,080,071,087
	D99379	217,147,121	013,049,051,003
	4E4037	078,064,055	052,056,060,060

Tronco

	HEX	RGB	CMYK
	260B01	038,011,001	061,080,071,087
	593A2E	089,058,046	042,064,066,060
	8C6658	140,102,088	033,053,053,032
	A6877C	166,135,124	030,042,042,019
	D9BBB0	217,187,176	015,028,028,002

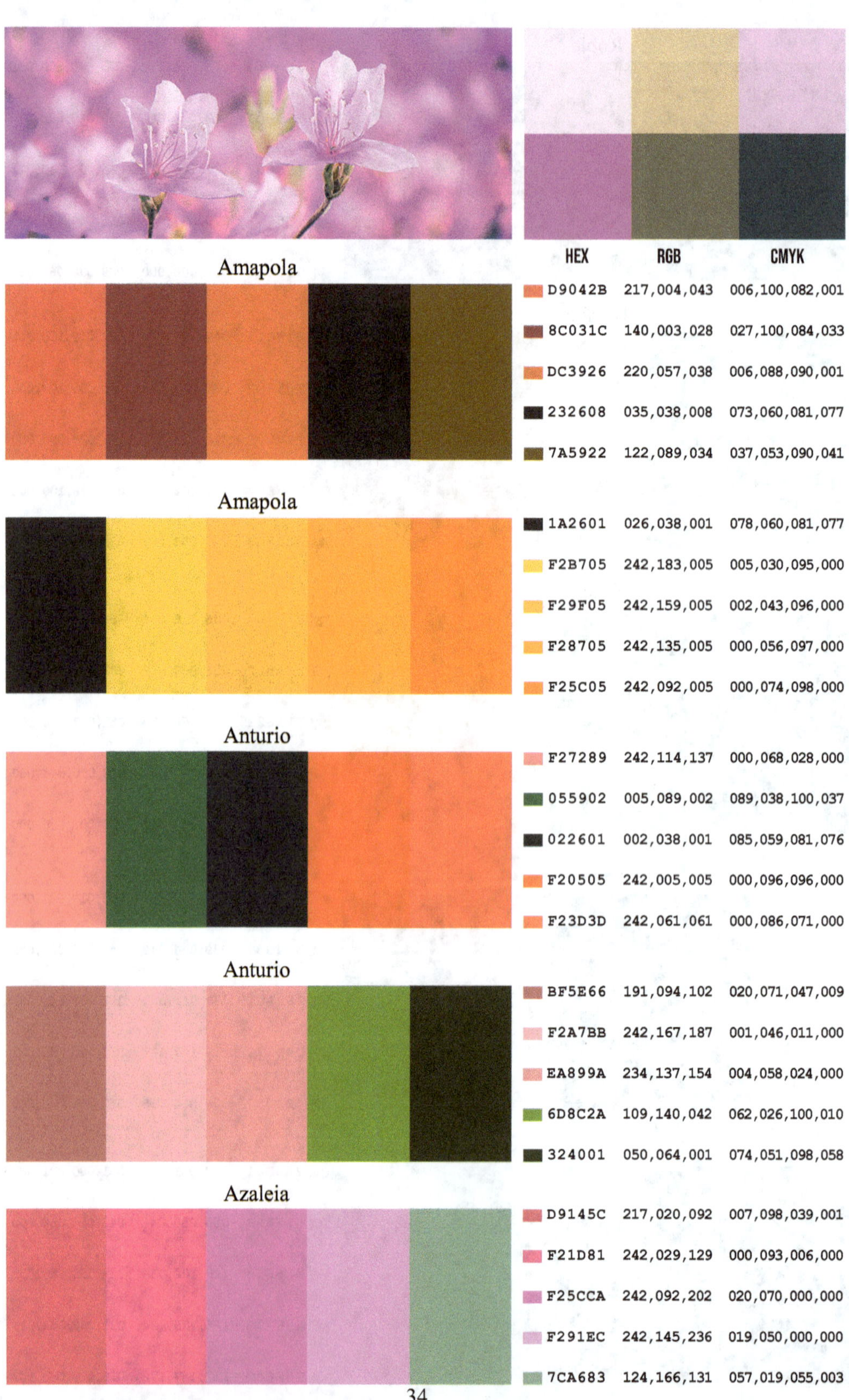

	HEX	RGB	CMYK

Amapola

	HEX	RGB	CMYK
	D9042B	217,004,043	006,100,082,001
	8C031C	140,003,028	027,100,084,033
	DC3926	220,057,038	006,088,090,001
	232608	035,038,008	073,060,081,077
	7A5922	122,089,034	037,053,090,041

Amapola

	HEX	RGB	CMYK
	1A2601	026,038,001	078,060,081,077
	F2B705	242,183,005	005,030,095,000
	F29F05	242,159,005	002,043,096,000
	F28705	242,135,005	000,056,097,000
	F25C05	242,092,005	000,074,098,000

Anturio

	HEX	RGB	CMYK
	F27289	242,114,137	000,068,028,000
	055902	005,089,002	089,038,100,037
	022601	002,038,001	085,059,081,076
	F20505	242,005,005	000,096,096,000
	F23D3D	242,061,061	000,086,071,000

Anturio

	HEX	RGB	CMYK
	BF5E66	191,094,102	020,071,047,009
	F2A7BB	242,167,187	001,046,011,000
	EA899A	234,137,154	004,058,024,000
	6D8C2A	109,140,042	062,026,100,010
	324001	050,064,001	074,051,098,058

Azaleia

	HEX	RGB	CMYK
	D9145C	217,020,092	007,098,039,001
	F21D81	242,029,129	000,093,006,000
	F25CCA	242,092,202	020,070,000,000
	F291EC	242,145,236	019,050,000,000
	7CA683	124,166,131	057,019,055,003

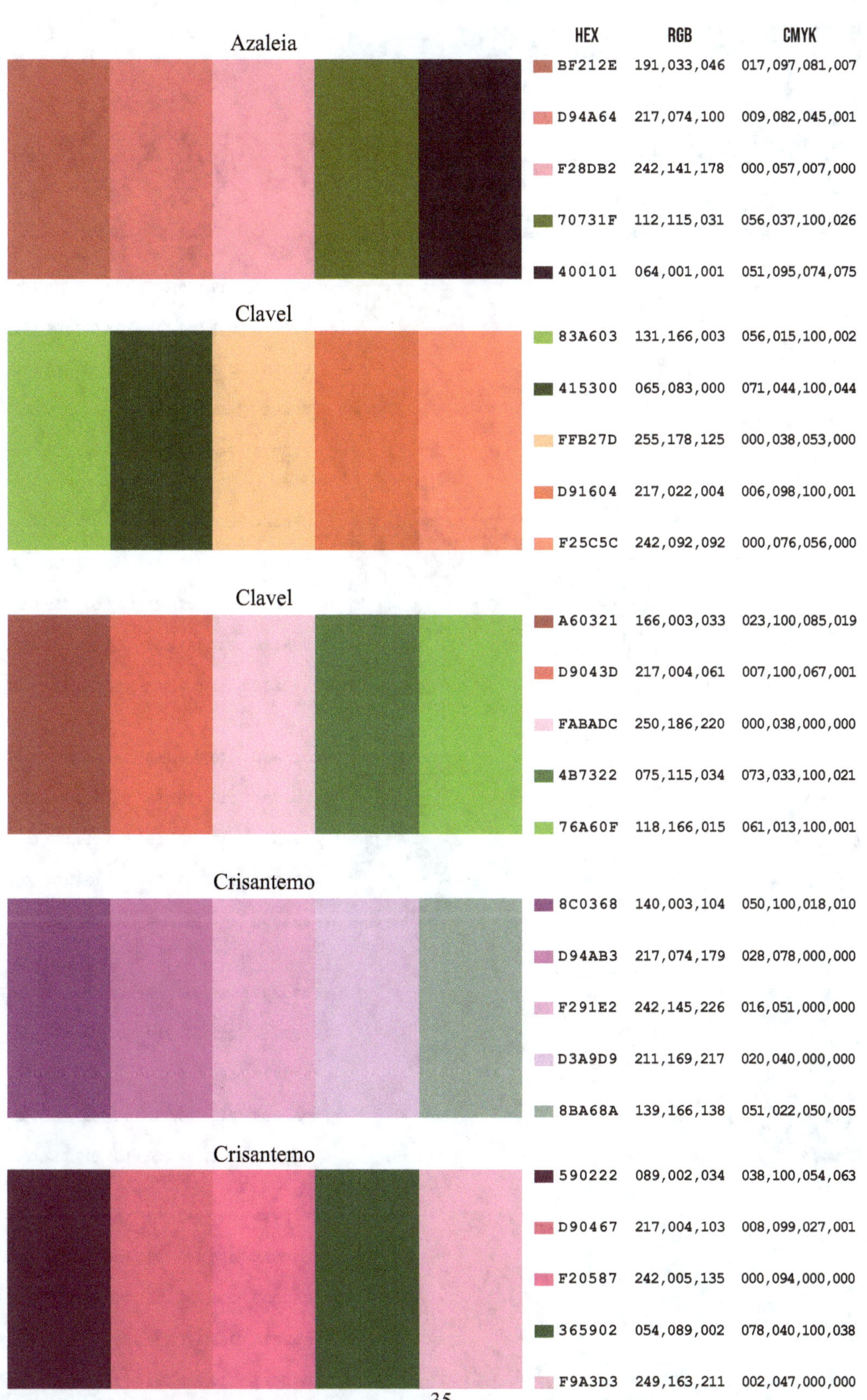

Azaleia

HEX | RGB | CMYK
BF212E | 191,033,046 | 017,097,081,007
D94A64 | 217,074,100 | 009,082,045,001
F28DB2 | 242,141,178 | 000,057,007,000
70731F | 112,115,031 | 056,037,100,026
400101 | 064,001,001 | 051,095,074,075

Clavel

83A603 | 131,166,003 | 056,015,100,002
415300 | 065,083,000 | 071,044,100,044
FFB27D | 255,178,125 | 000,038,053,000
D91604 | 217,022,004 | 006,098,100,001
F25C5C | 242,092,092 | 000,076,056,000

Clavel

A60321 | 166,003,033 | 023,100,085,019
D9043D | 217,004,061 | 007,100,067,001
FABADC | 250,186,220 | 000,038,000,000
4B7322 | 075,115,034 | 073,033,100,021
76A60F | 118,166,015 | 061,013,100,001

Crisantemo

8C0368 | 140,003,104 | 050,100,018,010
D94AB3 | 217,074,179 | 028,078,000,000
F291E2 | 242,145,226 | 016,051,000,000
D3A9D9 | 211,169,217 | 020,040,000,000
8BA68A | 139,166,138 | 051,022,050,005

Crisantemo

590222 | 089,002,034 | 038,100,054,063
D90467 | 217,004,103 | 008,099,027,001
F20587 | 242,005,135 | 000,094,000,000
365902 | 054,089,002 | 078,040,100,038
F9A3D3 | 249,163,211 | 002,047,000,000

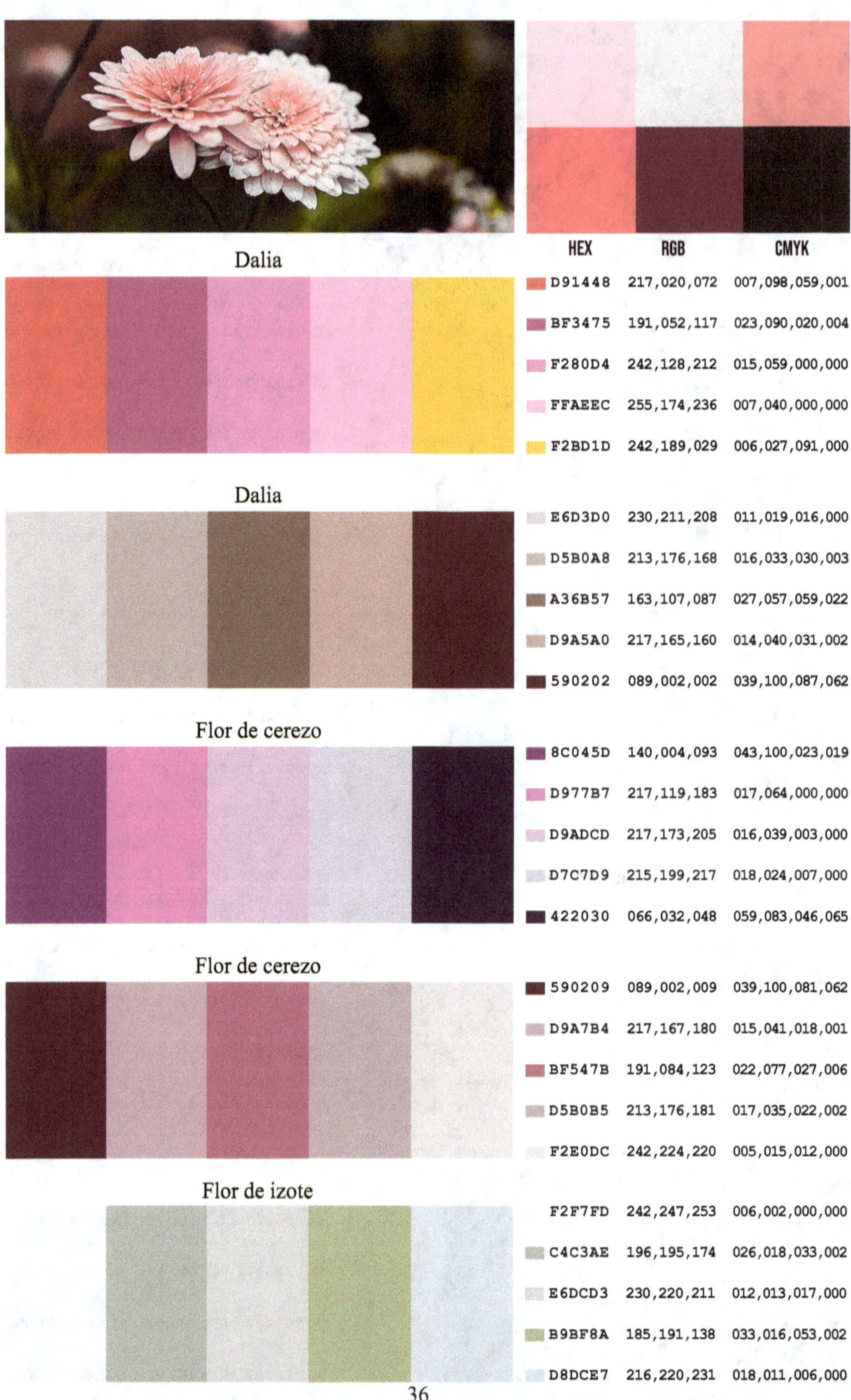

Dalia

	HEX	RGB	CMYK
	D91448	217,020,072	007,098,059,001
	BF3475	191,052,117	023,090,020,004
	F280D4	242,128,212	015,059,000,000
	FFAEEC	255,174,236	007,040,000,000
	F2BD1D	242,189,029	006,027,091,000

Dalia

	HEX	RGB	CMYK
	E6D3D0	230,211,208	011,019,016,000
	D5B0A8	213,176,168	016,033,030,003
	A36B57	163,107,087	027,057,059,022
	D9A5A0	217,165,160	014,040,031,002
	590202	089,002,002	039,100,087,062

Flor de cerezo

	HEX	RGB	CMYK
	8C045D	140,004,093	043,100,023,019
	D977B7	217,119,183	017,064,000,000
	D9ADCD	217,173,205	016,039,003,000
	D7C7D9	215,199,217	018,024,007,000
	422030	066,032,048	059,083,046,065

Flor de cerezo

	HEX	RGB	CMYK
	590209	089,002,009	039,100,081,062
	D9A7B4	217,167,180	015,041,018,001
	BF547B	191,084,123	022,077,027,006
	D5B0B5	213,176,181	017,035,022,002
	F2E0DC	242,224,220	005,015,012,000

Flor de izote

	HEX	RGB	CMYK
	F2F7FD	242,247,253	006,002,000,000
	C4C3AE	196,195,174	026,018,033,002
	E6DCD3	230,220,211	012,013,017,000
	B9BF8A	185,191,138	033,016,053,002
	D8DCE7	216,220,231	018,011,006,000

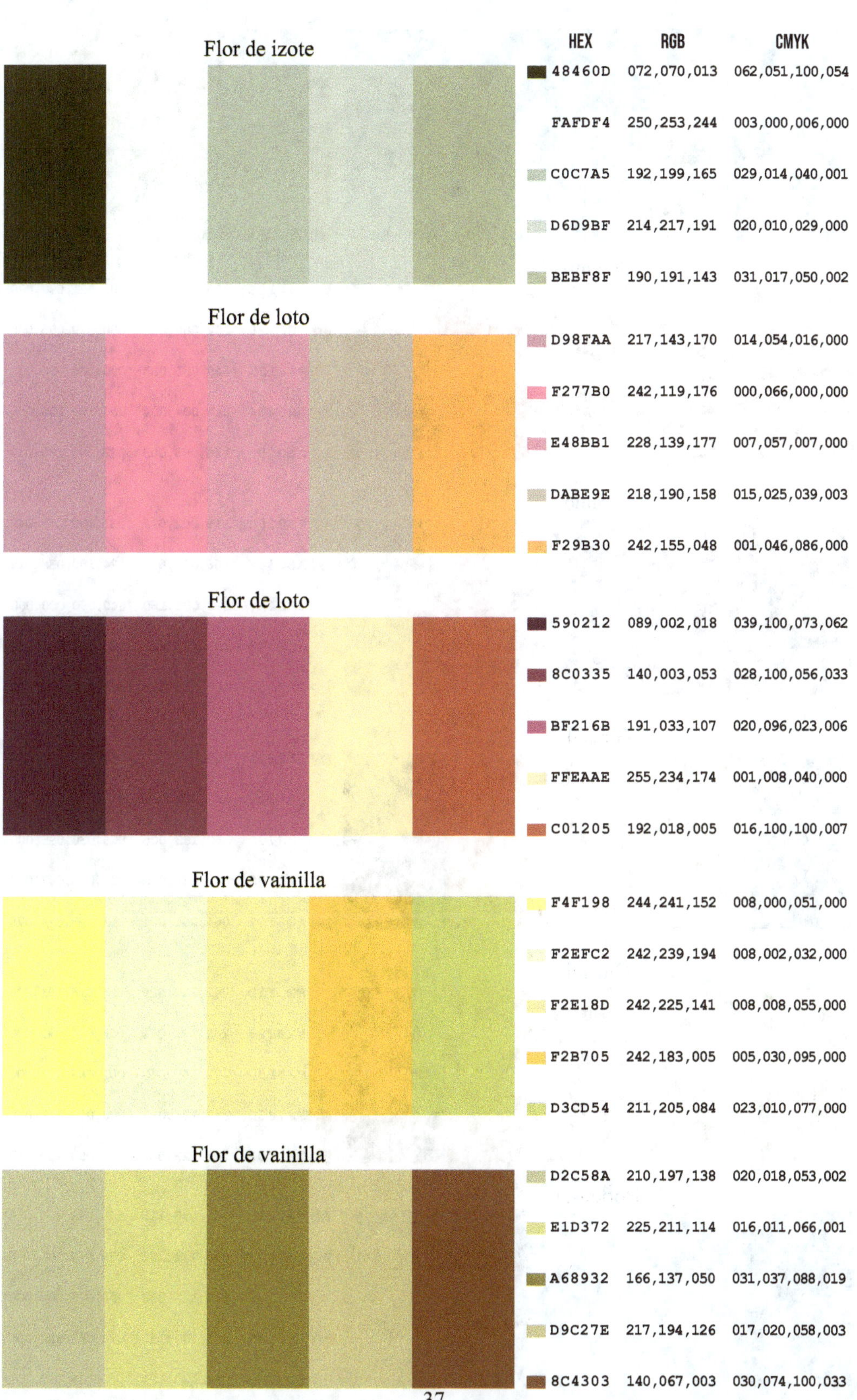

HEX	RGB	CMYK
48460D	072,070,013	062,051,100,054
FAFDF4	250,253,244	003,000,006,000
C0C7A5	192,199,165	029,014,040,001
D6D9BF	214,217,191	020,010,029,000
BEBF8F	190,191,143	031,017,050,002

HEX	RGB	CMYK
D98FAA	217,143,170	014,054,016,000
F277B0	242,119,176	000,066,000,000
E48BB1	228,139,177	007,057,007,000
DABE9E	218,190,158	015,025,039,003
F29B30	242,155,048	001,046,086,000

HEX	RGB	CMYK
590212	089,002,018	039,100,073,062
8C0335	140,003,053	028,100,056,033
BF216B	191,033,107	020,096,023,006
FFEAAE	255,234,174	001,008,040,000
C01205	192,018,005	016,100,100,007

HEX	RGB	CMYK
F4F198	244,241,152	008,000,051,000
F2EFC2	242,239,194	008,002,032,000
F2E18D	242,225,141	008,008,055,000
F2B705	242,183,005	005,030,095,000
D3CD54	211,205,084	023,010,077,000

HEX	RGB	CMYK
D2C58A	210,197,138	020,018,053,002
E1D372	225,211,114	016,011,066,001
A68932	166,137,050	031,037,088,019
D9C27E	217,194,126	017,020,058,003
8C4303	140,067,003	030,074,100,033

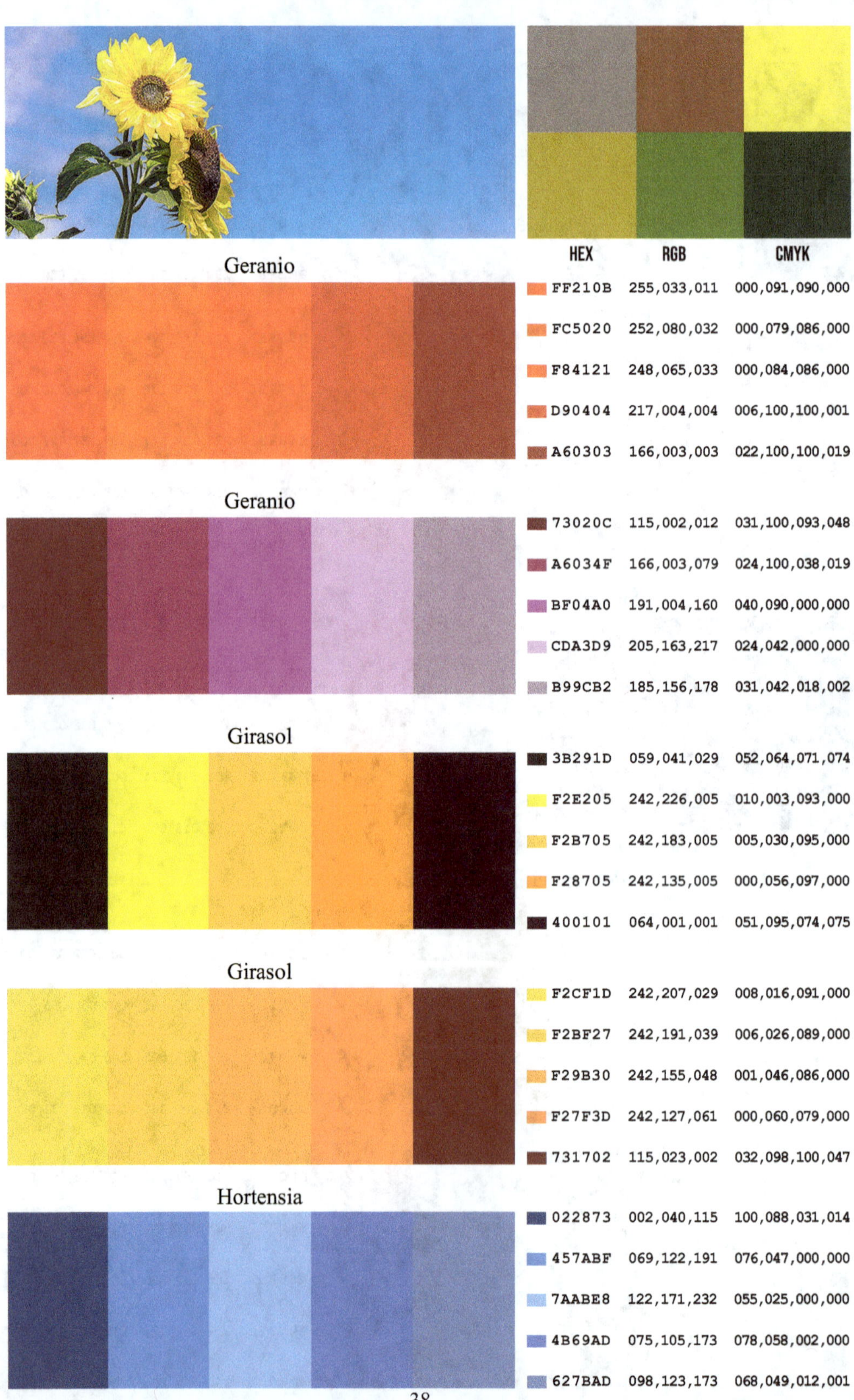

Geranio

Geranio

Girasol

Girasol

Hortensia

	HEX	RGB	CMYK
	FF210B	255,033,011	000,091,090,000
	FC5020	252,080,032	000,079,086,000
	F84121	248,065,033	000,084,086,000
	D90404	217,004,004	006,100,100,001
	A60303	166,003,003	022,100,100,019
	73020C	115,002,012	031,100,093,048
	A6034F	166,003,079	024,100,038,019
	BF04A0	191,004,160	040,090,000,000
	CDA3D9	205,163,217	024,042,000,000
	B99CB2	185,156,178	031,042,018,002
	3B291D	059,041,029	052,064,071,074
	F2E205	242,226,005	010,003,093,000
	F2B705	242,183,005	005,030,095,000
	F28705	242,135,005	000,056,097,000
	400101	064,001,001	051,095,074,075
	F2CF1D	242,207,029	008,016,091,000
	F2BF27	242,191,039	006,026,089,000
	F29B30	242,155,048	001,046,086,000
	F27F3D	242,127,061	000,060,079,000
	731702	115,023,002	032,098,100,047
	022873	002,040,115	100,088,031,014
	457ABF	069,122,191	076,047,000,000
	7AABE8	122,171,232	055,025,000,000
	4B69AD	075,105,173	078,058,002,000
	627BAD	098,123,173	068,049,012,001

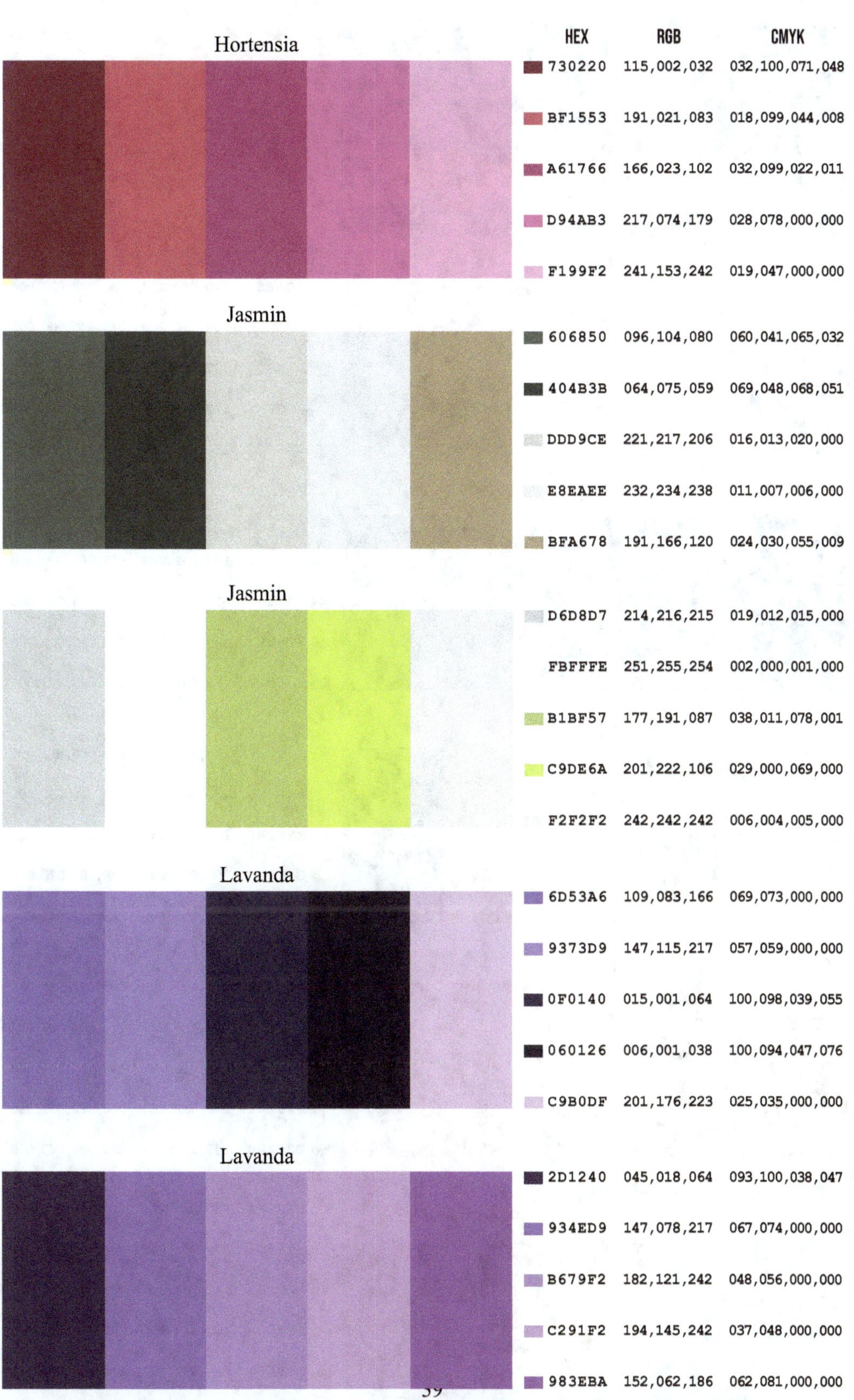

Hortensia

HEX	RGB	CMYK
730220	115,002,032	032,100,071,048
BF1553	191,021,083	018,099,044,008
A61766	166,023,102	032,099,022,011
D94AB3	217,074,179	028,078,000,000
F199F2	241,153,242	019,047,000,000

Jasmin

HEX	RGB	CMYK
606850	096,104,080	060,041,065,032
404B3B	064,075,059	069,048,068,051
DDD9CE	221,217,206	016,013,020,000
E8EAEE	232,234,238	011,007,006,000
BFA678	191,166,120	024,030,055,009

Jasmin

HEX	RGB	CMYK
D6D8D7	214,216,215	019,012,015,000
FBFFFE	251,255,254	002,000,001,000
B1BF57	177,191,087	038,011,078,001
C9DE6A	201,222,106	029,000,069,000
F2F2F2	242,242,242	006,004,005,000

Lavanda

HEX	RGB	CMYK
6D53A6	109,083,166	069,073,000,000
9373D9	147,115,217	057,059,000,000
0F0140	015,001,064	100,098,039,055
060126	006,001,038	100,094,047,076
C9B0DF	201,176,223	025,035,000,000

Lavanda

HEX	RGB	CMYK
2D1240	045,018,064	093,100,038,047
934ED9	147,078,217	067,074,000,000
B679F2	182,121,242	048,056,000,000
C291F2	194,145,242	037,048,000,000
983EBA	152,062,186	062,081,000,000

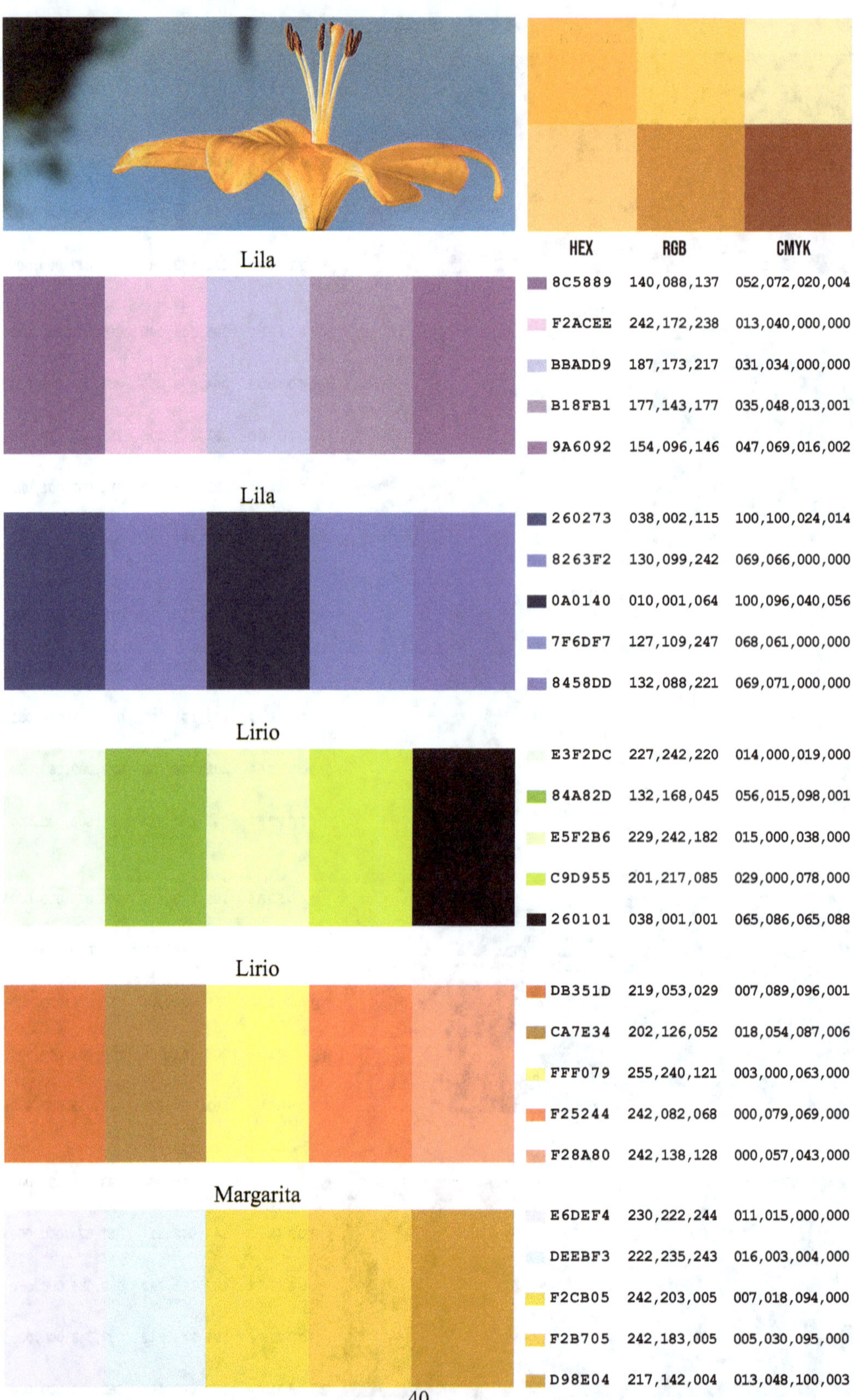

Lila

HEX	RGB	CMYK
8C5889	140,088,137	052,072,020,004
F2ACEE	242,172,238	013,040,000,000
BBADD9	187,173,217	031,034,000,000
B18FB1	177,143,177	035,048,013,001
9A6092	154,096,146	047,069,016,002

Lila

HEX	RGB	CMYK
260273	038,002,115	100,100,024,014
8263F2	130,099,242	069,066,000,000
0A0140	010,001,064	100,096,040,056
7F6DF7	127,109,247	068,061,000,000
8458DD	132,088,221	069,071,000,000

Lirio

HEX	RGB	CMYK
E3F2DC	227,242,220	014,000,019,000
84A82D	132,168,045	056,015,098,001
E5F2B6	229,242,182	015,000,038,000
C9D955	201,217,085	029,000,078,000
260101	038,001,001	065,086,065,088

Lirio

HEX	RGB	CMYK
DB351D	219,053,029	007,089,096,001
CA7E34	202,126,052	018,054,087,006
FFF079	255,240,121	003,000,063,000
F25244	242,082,068	000,079,069,000
F28A80	242,138,128	000,057,043,000

Margarita

HEX	RGB	CMYK
E6DEF4	230,222,244	011,015,000,000
DEEBF3	222,235,243	016,003,004,000
F2CB05	242,203,005	007,018,094,000
F2B705	242,183,005	005,030,095,000
D98E04	217,142,004	013,048,100,003

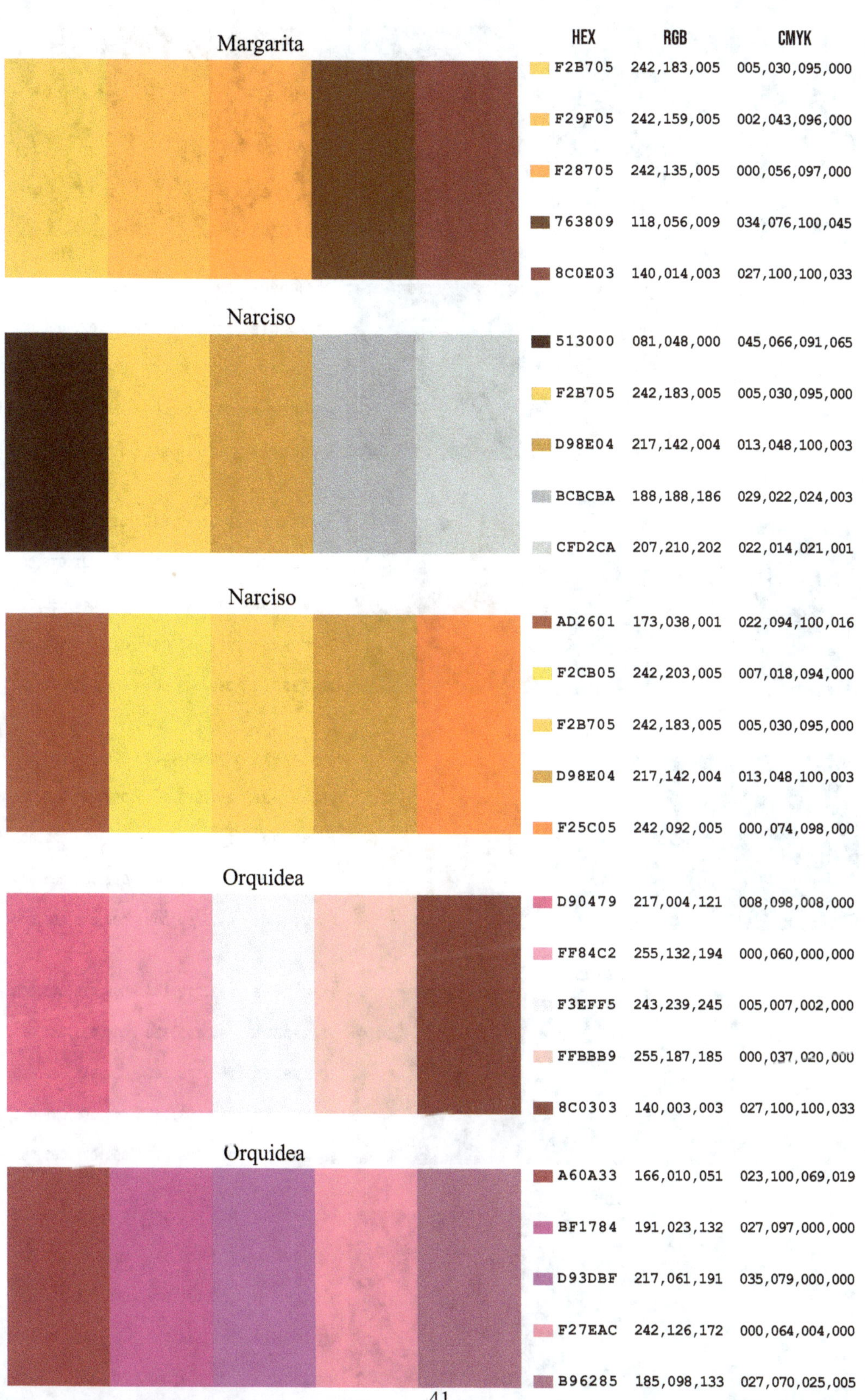

	HEX	RGB	CMYK
	F2B705	242,183,005	005,030,095,000
	F29F05	242,159,005	002,043,096,000
	F28705	242,135,005	000,056,097,000
	763809	118,056,009	034,076,100,045
	8C0E03	140,014,003	027,100,100,033

	HEX	RGB	CMYK
	513000	081,048,000	045,066,091,065
	F2B705	242,183,005	005,030,095,000
	D98E04	217,142,004	013,048,100,003
	BCBCBA	188,188,186	029,022,024,003
	CFD2CA	207,210,202	022,014,021,001

	HEX	RGB	CMYK
	AD2601	173,038,001	022,094,100,016
	F2CB05	242,203,005	007,018,094,000
	F2B705	242,183,005	005,030,095,000
	D98E04	217,142,004	013,048,100,003
	F25C05	242,092,005	000,074,098,000

	HEX	RGB	CMYK
	D90479	217,004,121	008,098,008,000
	FF84C2	255,132,194	000,060,000,000
	F3EFF5	243,239,245	005,007,002,000
	FFBBB9	255,187,185	000,037,020,000
	8C0303	140,003,003	027,100,100,033

	HEX	RGB	CMYK
	A60A33	166,010,051	023,100,069,019
	BF1784	191,023,132	027,097,000,000
	D93DBF	217,061,191	035,079,000,000
	F27EAC	242,126,172	000,064,004,000
	B96285	185,098,133	027,070,025,005

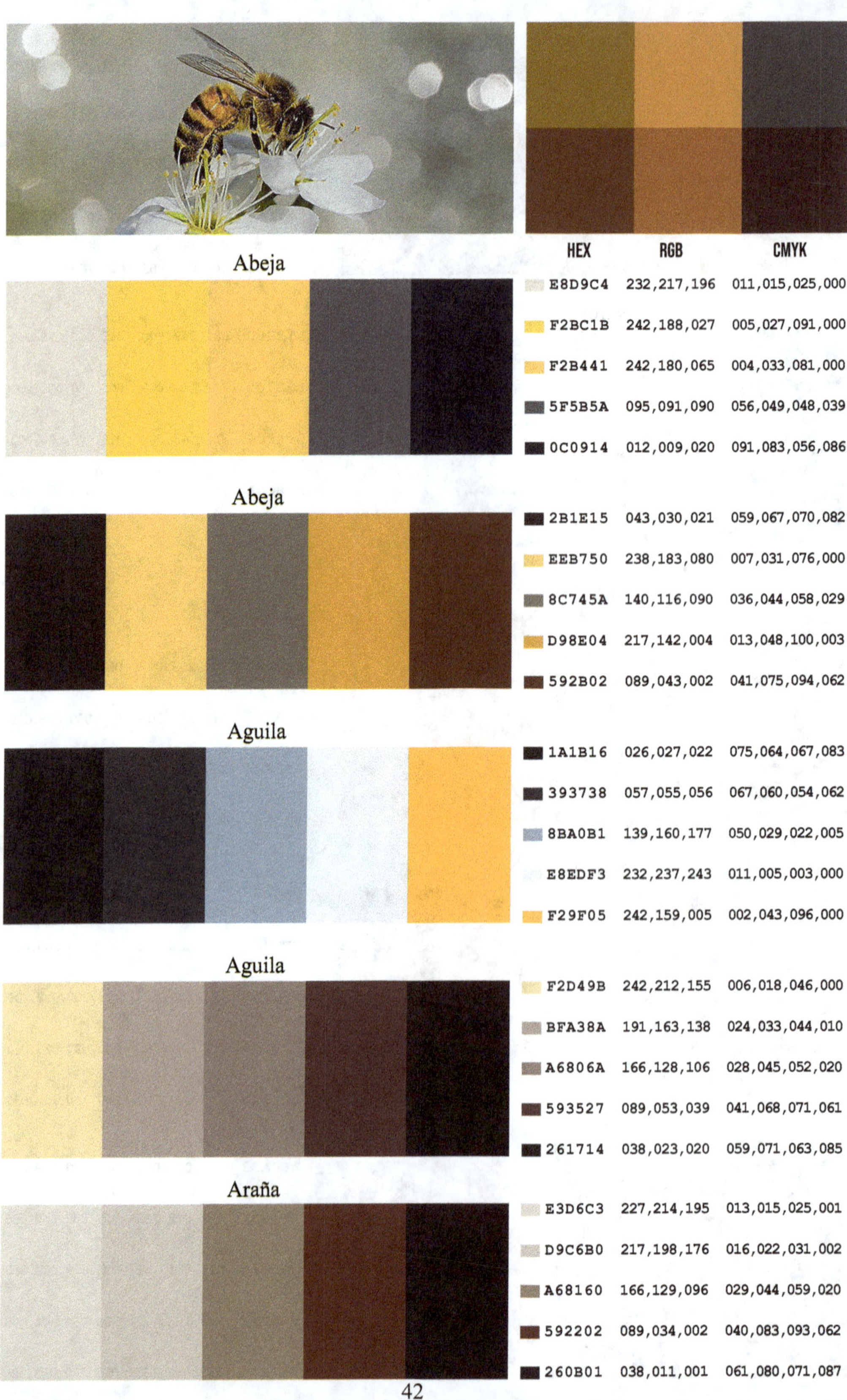

Abeja

	HEX	RGB	CMYK
	E8D9C4	232,217,196	011,015,025,000
	F2BC1B	242,188,027	005,027,091,000
	F2B441	242,180,065	004,033,081,000
	5F5B5A	095,091,090	056,049,048,039
	0C0914	012,009,020	091,083,056,086

Abeja

	HEX	RGB	CMYK
	2B1E15	043,030,021	059,067,070,082
	EEB750	238,183,080	007,031,076,000
	8C745A	140,116,090	036,044,058,029
	D98E04	217,142,004	013,048,100,003
	592B02	089,043,002	041,075,094,062

Aguila

	HEX	RGB	CMYK
	1A1B16	026,027,022	075,064,067,083
	393738	057,055,056	067,060,054,062
	8BA0B1	139,160,177	050,029,022,005
	E8EDF3	232,237,243	011,005,003,000
	F29F05	242,159,005	002,043,096,000

Aguila

	HEX	RGB	CMYK
	F2D49B	242,212,155	006,018,046,000
	BFA38A	191,163,138	024,033,044,010
	A6806A	166,128,106	028,045,052,020
	593527	089,053,039	041,068,071,061
	261714	038,023,020	059,071,063,085

Araña

	HEX	RGB	CMYK
	E3D6C3	227,214,195	013,015,025,001
	D9C6B0	217,198,176	016,022,031,002
	A68160	166,129,096	029,044,059,020
	592202	089,034,002	040,083,093,062
	260B01	038,011,001	061,080,071,087

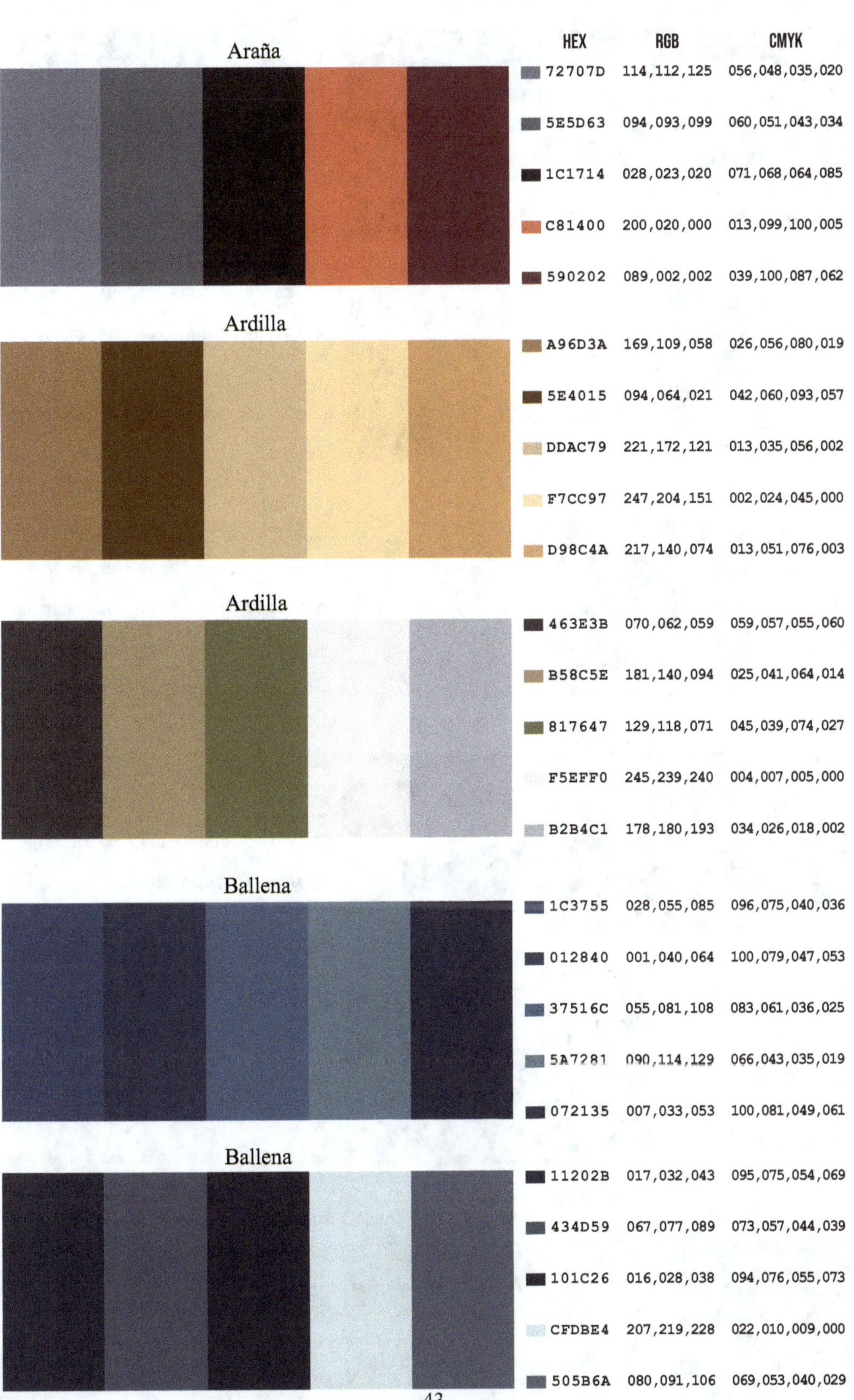

Araña

HEX   RGB   CMYK
72707D   114,112,125   056,048,035,020
5E5D63   094,093,099   060,051,043,034
1C1714   028,023,020   071,068,064,085
C81400   200,020,000   013,099,100,005
590202   089,002,002   039,100,087,062

Ardilla

A96D3A   169,109,058   026,056,080,019
5E4015   094,064,021   042,060,093,057
DDAC79   221,172,121   013,035,056,002
F7CC97   247,204,151   002,024,045,000
D98C4A   217,140,074   013,051,076,003

Ardilla

463E3B   070,062,059   059,057,055,060
B58C5E   181,140,094   025,041,064,014
817647   129,118,071   045,039,074,027
F5EFF0   245,239,240   004,007,005,000
B2B4C1   178,180,193   034,026,018,002

Ballena

1C3755   028,055,085   096,075,040,036
012840   001,040,064   100,079,047,053
37516C   055,081,108   083,061,036,025
5A7281   090,114,129   066,043,035,019
072135   007,033,053   100,081,049,061

Ballena

11202B   017,032,043   095,075,054,069
434D59   067,077,089   073,057,044,039
101C26   016,028,038   094,076,055,073
CFDBE4   207,219,228   022,010,009,000
505B6A   080,091,106   069,053,040,029

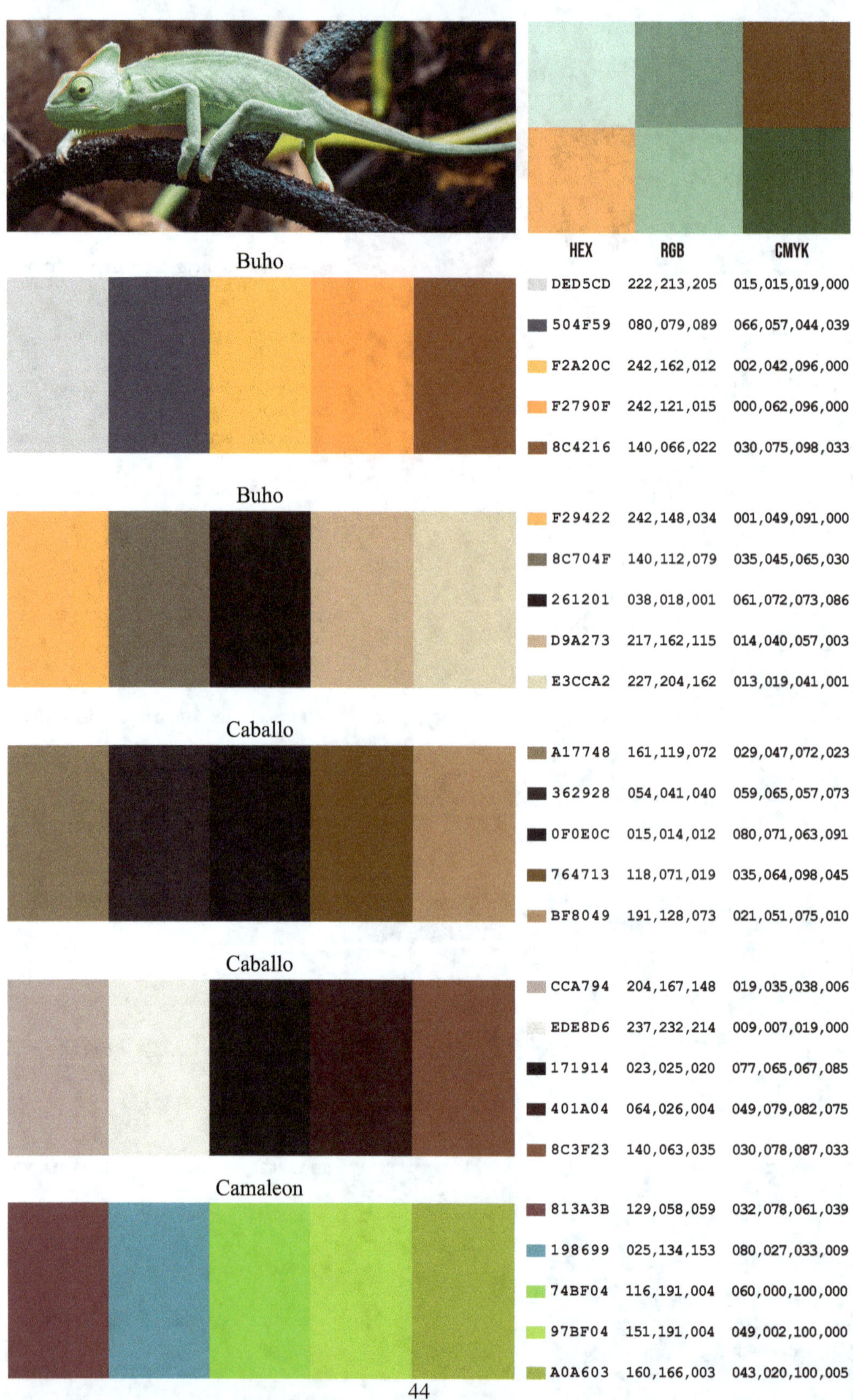

Buho

	HEX	RGB	CMYK
	DED5CD	222,213,205	015,015,019,000
	504F59	080,079,089	066,057,044,039
	F2A20C	242,162,012	002,042,096,000
	F2790F	242,121,015	000,062,096,000
	8C4216	140,066,022	030,075,098,033

Buho

	HEX	RGB	CMYK
	F29422	242,148,034	001,049,091,000
	8C704F	140,112,079	035,045,065,030
	261201	038,018,001	061,072,073,086
	D9A273	217,162,115	014,040,057,003
	E3CCA2	227,204,162	013,019,041,001

Caballo

	HEX	RGB	CMYK
	A17748	161,119,072	029,047,072,023
	362928	054,041,040	059,065,057,073
	0F0E0C	015,014,012	080,071,063,091
	764713	118,071,019	035,064,098,045
	BF8049	191,128,073	021,051,075,010

Caballo

	HEX	RGB	CMYK
	CCA794	204,167,148	019,035,038,006
	EDE8D6	237,232,214	009,007,019,000
	171914	023,025,020	077,065,067,085
	401A04	064,026,004	049,079,082,075
	8C3F23	140,063,035	030,078,087,033

Camaleon

	HEX	RGB	CMYK
	813A3B	129,058,059	032,078,061,039
	198699	025,134,153	080,027,033,009
	74BF04	116,191,004	060,000,100,000
	97BF04	151,191,004	049,002,100,000
	A0A603	160,166,003	043,020,100,005

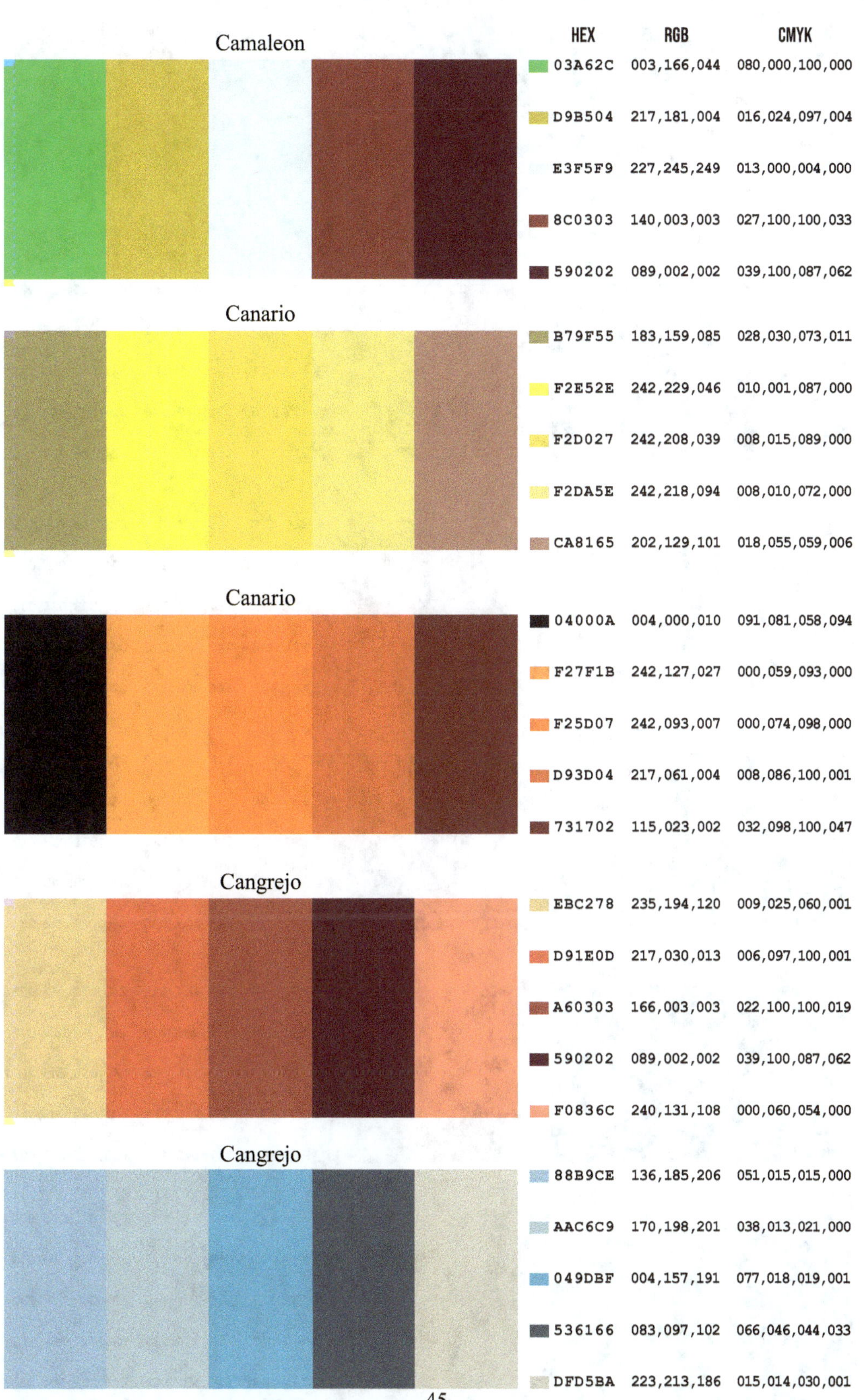

Camaleon

	HEX	RGB	CMYK
	03A62C	003,166,044	080,000,100,000
	D9B504	217,181,004	016,024,097,004
	E3F5F9	227,245,249	013,000,004,000
	8C0303	140,003,003	027,100,100,033
	590202	089,002,002	039,100,087,062

Canario

	HEX	RGB	CMYK
	B79F55	183,159,085	028,030,073,011
	F2E52E	242,229,046	010,001,087,000
	F2D027	242,208,039	008,015,089,000
	F2DA5E	242,218,094	008,010,072,000
	CA8165	202,129,101	018,055,059,006

Canario

	HEX	RGB	CMYK
	04000A	004,000,010	091,081,058,094
	F27F1B	242,127,027	000,059,093,000
	F25D07	242,093,007	000,074,098,000
	D93D04	217,061,004	008,086,100,001
	731702	115,023,002	032,098,100,047

Cangrejo

	HEX	RGB	CMYK
	EBC278	235,194,120	009,025,060,001
	D91E0D	217,030,013	006,097,100,001
	A60303	166,003,003	022,100,100,019
	590202	089,002,002	039,100,087,062
	F0836C	240,131,108	000,060,054,000

Cangrejo

	HEX	RGB	CMYK
	88B9CE	136,185,206	051,015,015,000
	AAC6C9	170,198,201	038,013,021,000
	049DBF	004,157,191	077,018,019,001
	536166	083,097,102	066,046,044,033
	DFD5BA	223,213,186	015,014,030,001

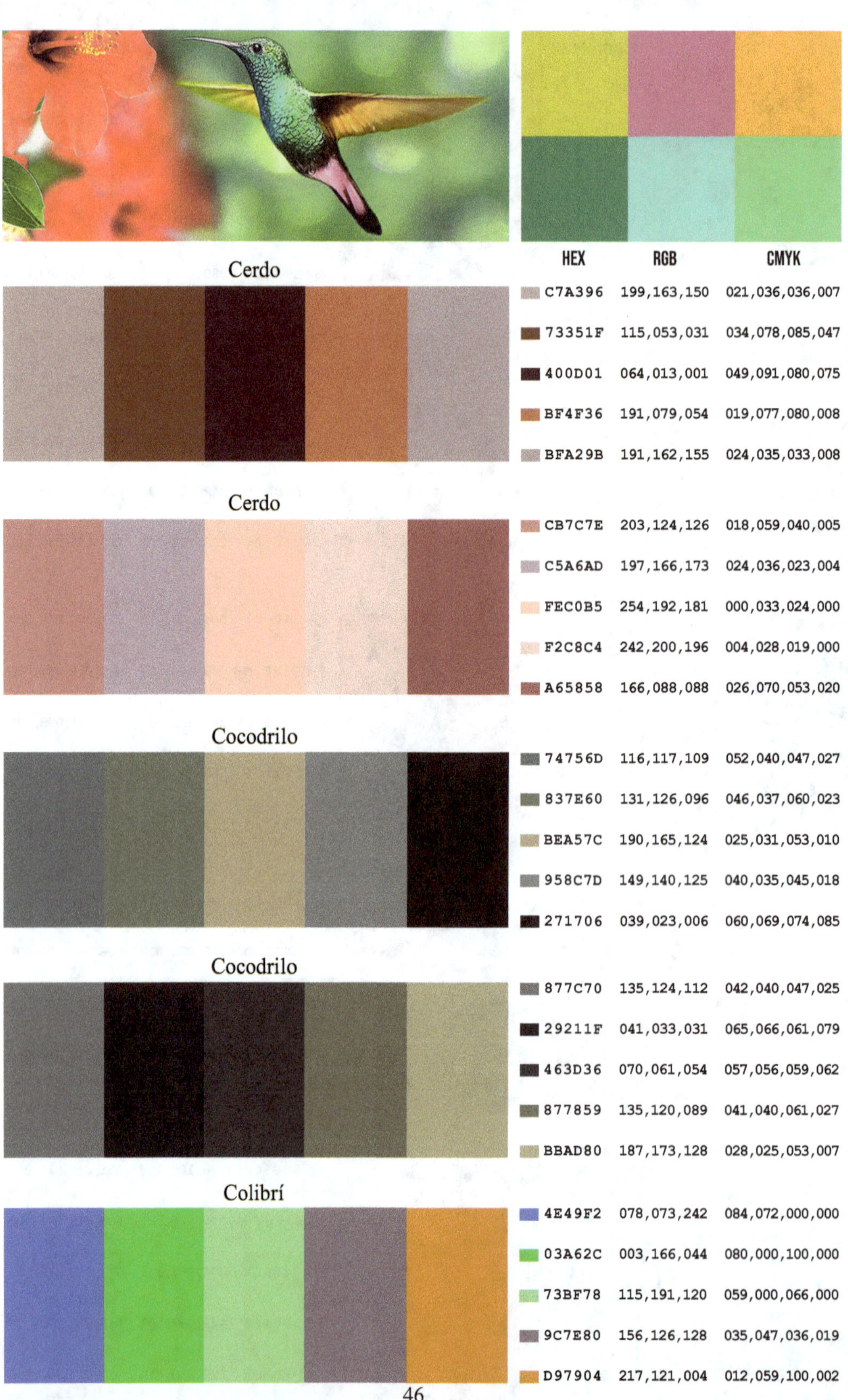

Cerdo

HEX	RGB	CMYK
C7A396	199,163,150	021,036,036,007
73351F	115,053,031	034,078,085,047
400D01	064,013,001	049,091,080,075
BF4F36	191,079,054	019,077,080,008
BFA29B	191,162,155	024,035,033,008

Cerdo

HEX	RGB	CMYK
CB7C7E	203,124,126	018,059,040,005
C5A6AD	197,166,173	024,036,023,004
FEC0B5	254,192,181	000,033,024,000
F2C8C4	242,200,196	004,028,019,000
A65858	166,088,088	026,070,053,020

Cocodrilo

HEX	RGB	CMYK
74756D	116,117,109	052,040,047,027
837E60	131,126,096	046,037,060,023
BEA57C	190,165,124	025,031,053,010
958C7D	149,140,125	040,035,045,018
271706	039,023,006	060,069,074,085

Cocodrilo

HEX	RGB	CMYK
877C70	135,124,112	042,040,047,025
29211F	041,033,031	065,066,061,079
463D36	070,061,054	057,056,059,062
877859	135,120,089	041,040,061,027
BBAD80	187,173,128	028,025,053,007

Colibrí

HEX	RGB	CMYK
4E49F2	078,073,242	084,072,000,000
03A62C	003,166,044	080,000,100,000
73BF78	115,191,120	059,000,066,000
9C7E80	156,126,128	035,047,036,019
D97904	217,121,004	012,059,100,002

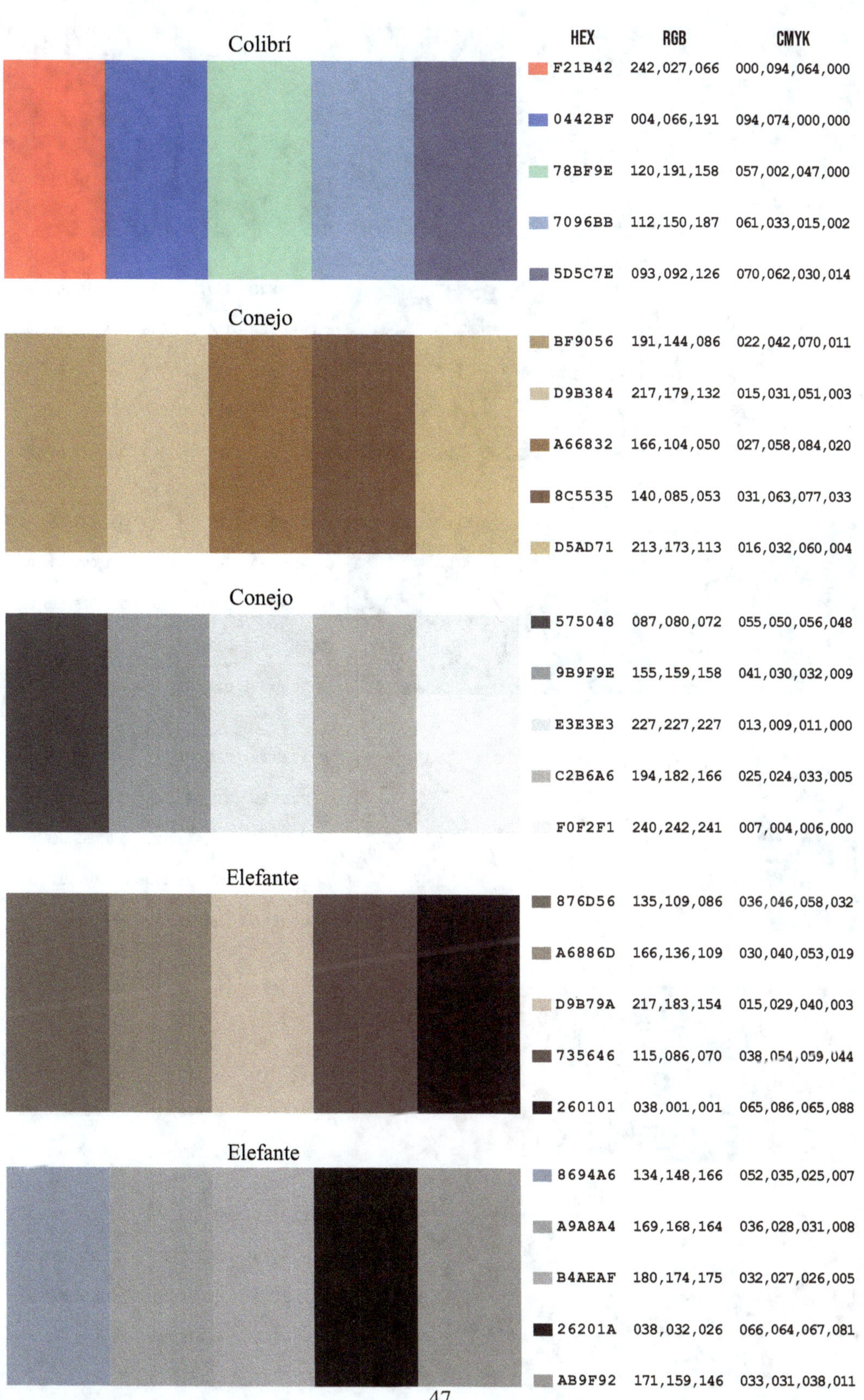

Colibrí

	HEX	RGB	CMYK
	F21B42	242,027,066	000,094,064,000
	0442BF	004,066,191	094,074,000,000
	78BF9E	120,191,158	057,002,047,000
	7096BB	112,150,187	061,033,015,002
	5D5C7E	093,092,126	070,062,030,014

Conejo

	HEX	RGB	CMYK
	BF9056	191,144,086	022,042,070,011
	D9B384	217,179,132	015,031,051,003
	A66832	166,104,050	027,058,084,020
	8C5535	140,085,053	031,063,077,033
	D5AD71	213,173,113	016,032,060,004

Conejo

	HEX	RGB	CMYK
	575048	087,080,072	055,050,056,048
	9B9F9E	155,159,158	041,030,032,009
	E3E3E3	227,227,227	013,009,011,000
	C2B6A6	194,182,166	025,024,033,005
	F0F2F1	240,242,241	007,004,006,000

Elefante

	HEX	RGB	CMYK
	876D56	135,109,086	036,046,058,032
	A6886D	166,136,109	030,040,053,019
	D9B79A	217,183,154	015,029,040,003
	735646	115,086,070	038,054,059,044
	260101	038,001,001	065,086,065,088

Elefante

	HEX	RGB	CMYK
	8694A6	134,148,166	052,035,025,007
	A9A8A4	169,168,164	036,028,031,008
	B4AEAF	180,174,175	032,027,026,005
	26201A	038,032,026	066,064,067,081
	AB9F92	171,159,146	033,031,038,011

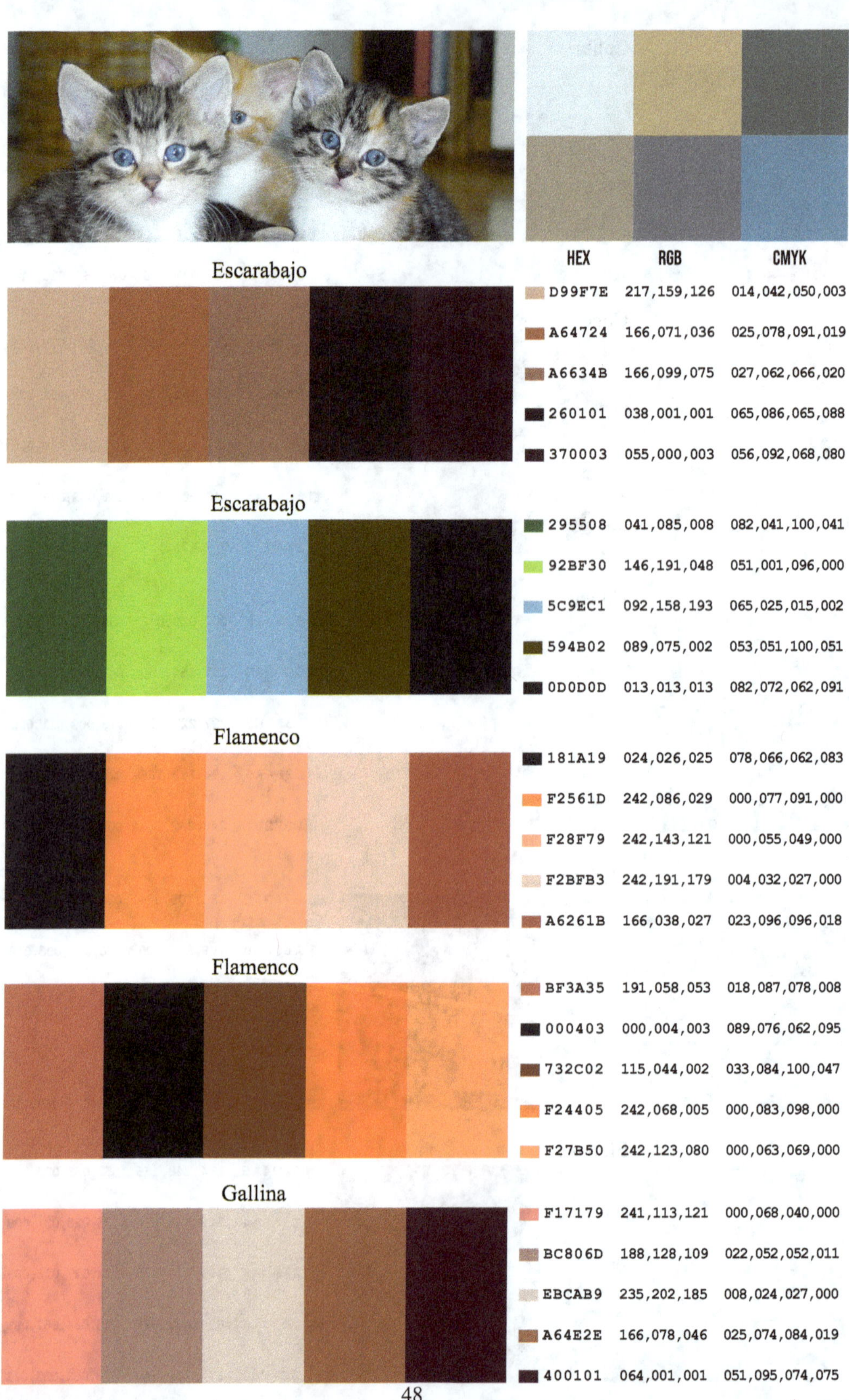

Escarabajo

HEX	RGB	CMYK
D99F7E	217,159,126	014,042,050,003
A64724	166,071,036	025,078,091,019
A6634B	166,099,075	027,062,066,020
260101	038,001,001	065,086,065,088
370003	055,000,003	056,092,068,080

Escarabajo

HEX	RGB	CMYK
295508	041,085,008	082,041,100,041
92BF30	146,191,048	051,001,096,000
5C9EC1	092,158,193	065,025,015,002
594B02	089,075,002	053,051,100,051
0D0D0D	013,013,013	082,072,062,091

Flamenco

HEX	RGB	CMYK
181A19	024,026,025	078,066,062,083
F2561D	242,086,029	000,077,091,000
F28F79	242,143,121	000,055,049,000
F2BFB3	242,191,179	004,032,027,000
A6261B	166,038,027	023,096,096,018

Flamenco

HEX	RGB	CMYK
BF3A35	191,058,053	018,087,078,008
000403	000,004,003	089,076,062,095
732C02	115,044,002	033,084,100,047
F24405	242,068,005	000,083,098,000
F27B50	242,123,080	000,063,069,000

Gallina

HEX	RGB	CMYK
F17179	241,113,121	000,068,040,000
BC806D	188,128,109	022,052,052,011
EBCAB9	235,202,185	008,024,027,000
A64E2E	166,078,046	025,074,084,019
400101	064,001,001	051,095,074,075

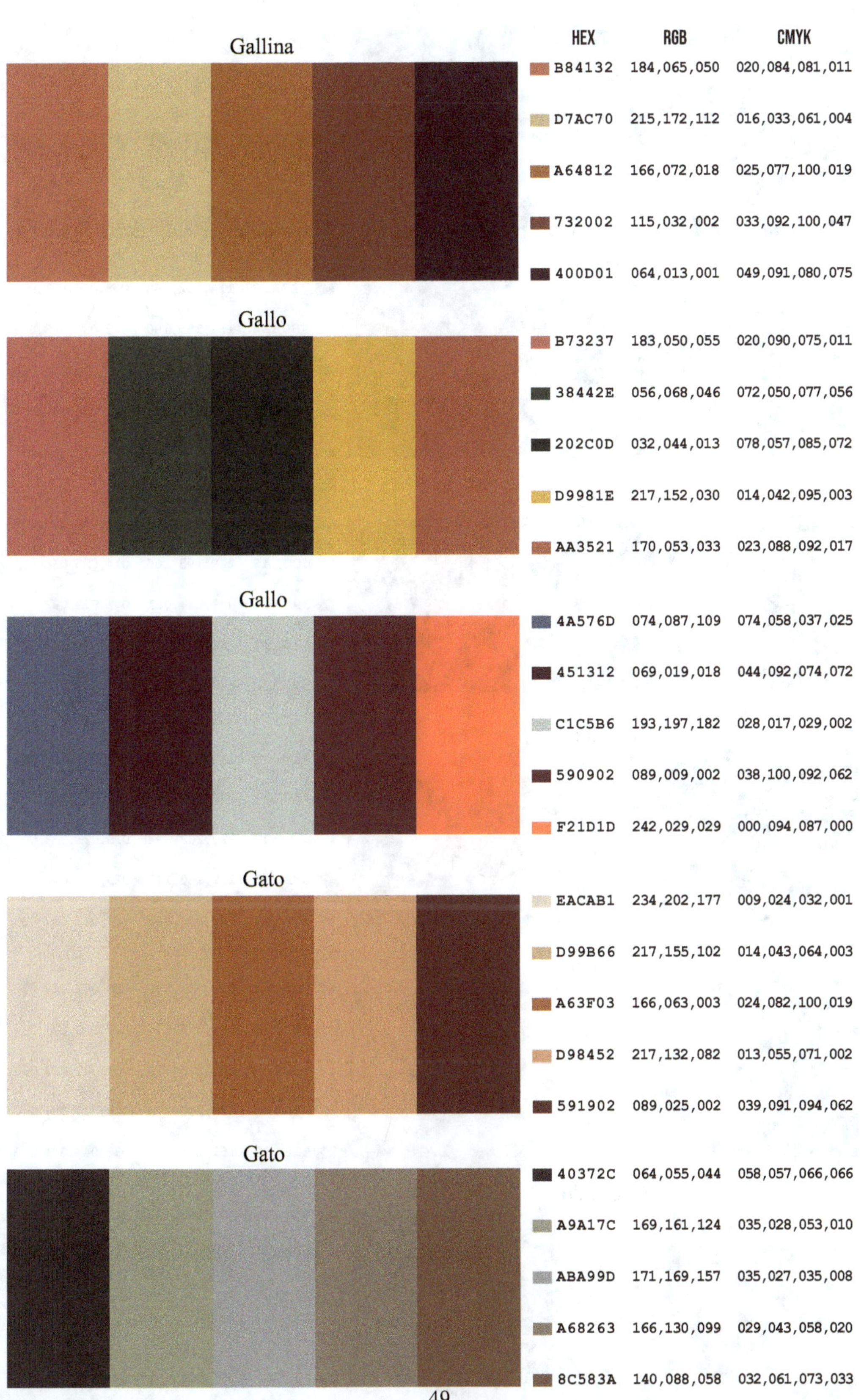

Gallina

HEX	RGB	CMYK
B84132	184,065,050	020,084,081,011
D7AC70	215,172,112	016,033,061,004
A64812	166,072,018	025,077,100,019
732002	115,032,002	033,092,100,047
400D01	064,013,001	049,091,080,075

Gallo

HEX	RGB	CMYK
B73237	183,050,055	020,090,075,011
38442E	056,068,046	072,050,077,056
202C0D	032,044,013	078,057,085,072
D9981E	217,152,030	014,042,095,003
AA3521	170,053,033	023,088,092,017

Gallo

HEX	RGB	CMYK
4A576D	074,087,109	074,058,037,025
451312	069,019,018	044,092,074,072
C1C5B6	193,197,182	028,017,029,002
590902	089,009,002	038,100,092,062
F21D1D	242,029,029	000,094,087,000

Gato

HEX	RGB	CMYK
EACAB1	234,202,177	009,024,032,001
D99B66	217,155,102	014,043,064,003
A63F03	166,063,003	024,082,100,019
D98452	217,132,082	013,055,071,002
591902	089,025,002	039,091,094,062

Gato

HEX	RGB	CMYK
40372C	064,055,044	058,057,066,066
A9A17C	169,161,124	035,028,053,010
ABA99D	171,169,157	035,027,035,008
A68263	166,130,099	029,043,058,020
8C583A	140,088,058	032,061,073,033

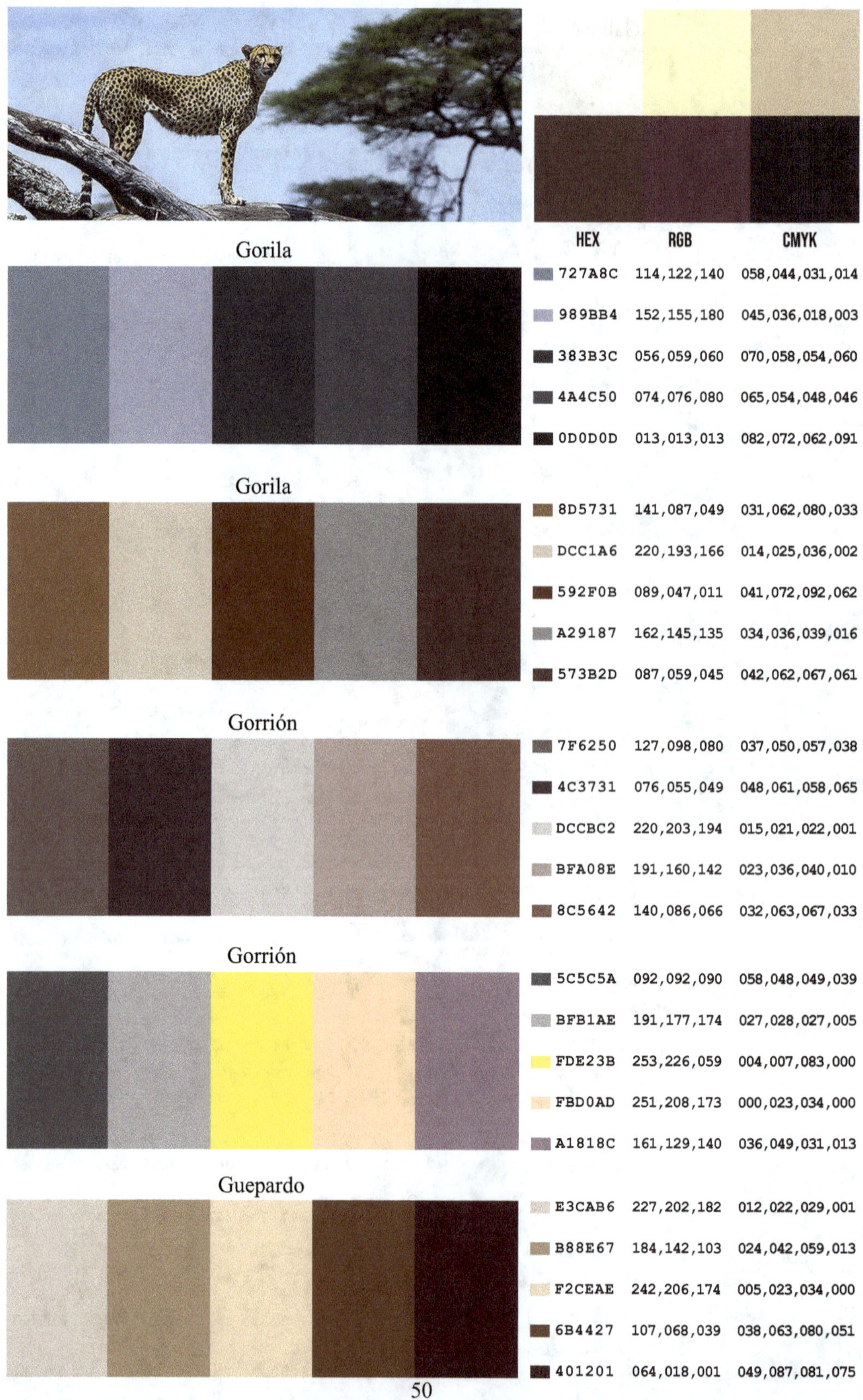

	HEX	RGB	CMYK

Gorila

	HEX	RGB	CMYK
	727A8C	114,122,140	058,044,031,014
	989BB4	152,155,180	045,036,018,003
	383B3C	056,059,060	070,058,054,060
	4A4C50	074,076,080	065,054,048,046
	0D0D0D	013,013,013	082,072,062,091

Gorila

	HEX	RGB	CMYK
	8D5731	141,087,049	031,062,080,033
	DCC1A6	220,193,166	014,025,036,002
	592F0B	089,047,011	041,072,092,062
	A29187	162,145,135	034,036,039,016
	573B2D	087,059,045	042,062,067,061

Gorrión

	HEX	RGB	CMYK
	7F6250	127,098,080	037,050,057,038
	4C3731	076,055,049	048,061,058,065
	DCCBC2	220,203,194	015,021,022,001
	BFA08E	191,160,142	023,036,040,010
	8C5642	140,086,066	032,063,067,033

Gorrión

	HEX	RGB	CMYK
	5C5C5A	092,092,090	058,048,049,039
	BFB1AE	191,177,174	027,028,027,005
	FDE23B	253,226,059	004,007,083,000
	FBD0AD	251,208,173	000,023,034,000
	A1818C	161,129,140	036,049,031,013

Guepardo

	HEX	RGB	CMYK
	E3CAB6	227,202,182	012,022,029,001
	B88E67	184,142,103	024,042,059,013
	F2CEAE	242,206,174	005,023,034,000
	6B4427	107,068,039	038,063,080,051
	401201	064,018,001	049,087,081,075

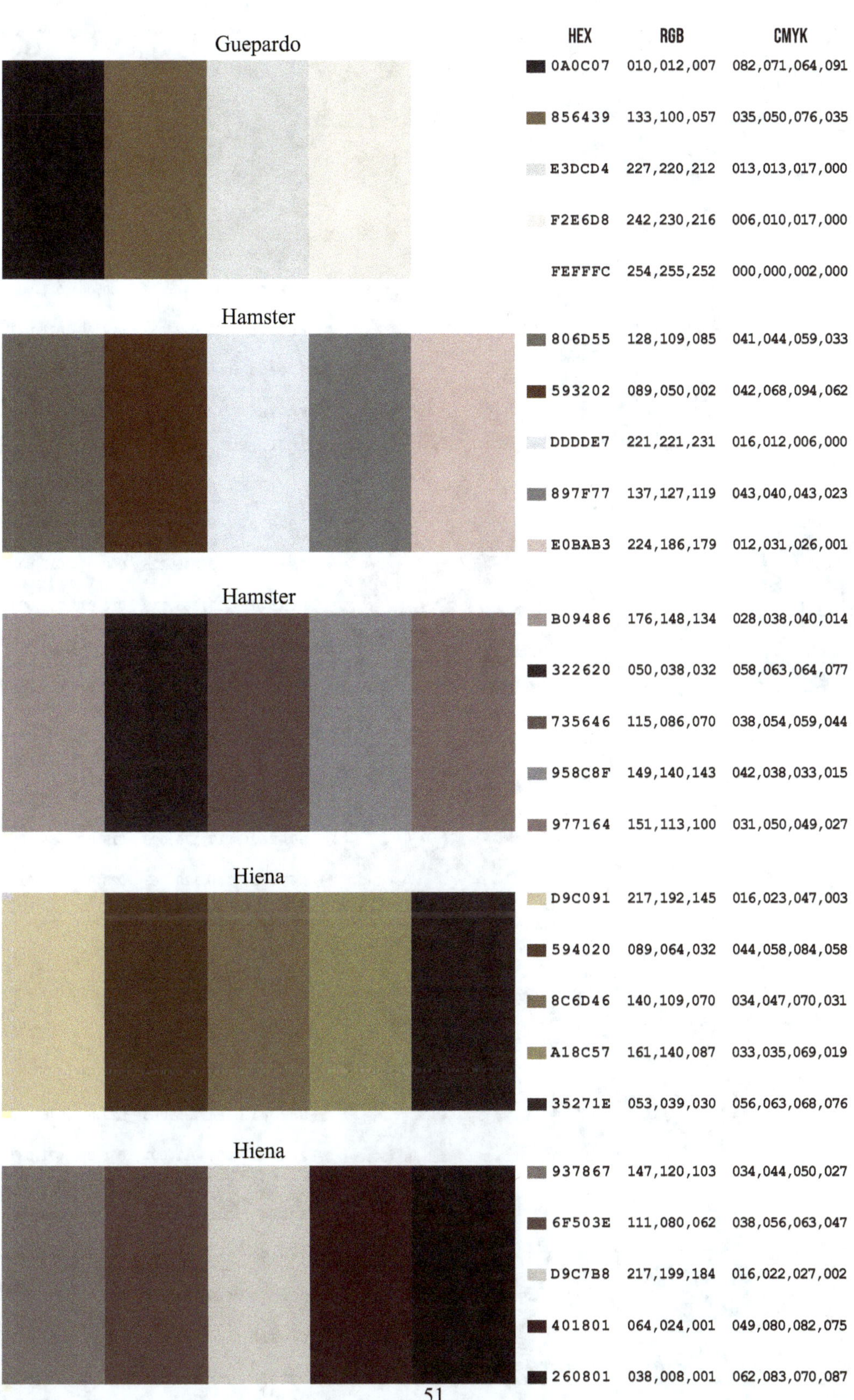

Guepardo

HEX	RGB	CMYK
0A0C07	010,012,007	082,071,064,091
856439	133,100,057	035,050,076,035
E3DCD4	227,220,212	013,013,017,000
F2E6D8	242,230,216	006,010,017,000
FEFFFC	254,255,252	000,000,002,000

Hamster

HEX	RGB	CMYK
806D55	128,109,085	041,044,059,033
593202	089,050,002	042,068,094,062
DDDDE7	221,221,231	016,012,006,000
897F77	137,127,119	043,040,043,023
E0BAB3	224,186,179	012,031,026,001

Hamster

HEX	RGB	CMYK
B09486	176,148,134	028,038,040,014
322620	050,038,032	058,063,064,077
735646	115,086,070	038,054,059,044
958C8F	149,140,143	042,038,033,015
977164	151,113,100	031,050,049,027

Hiena

HEX	RGB	CMYK
D9C091	217,192,145	016,023,047,003
594020	089,064,032	044,058,084,058
8C6D46	140,109,070	034,047,070,031
A18C57	161,140,087	033,035,069,019
35271E	053,039,030	056,063,068,076

Hiena

HEX	RGB	CMYK
937867	147,120,103	034,044,050,027
6F503E	111,080,062	038,056,063,047
D9C7B8	217,199,184	016,022,027,002
401801	064,024,001	049,080,082,075
260801	038,008,001	062,083,070,087

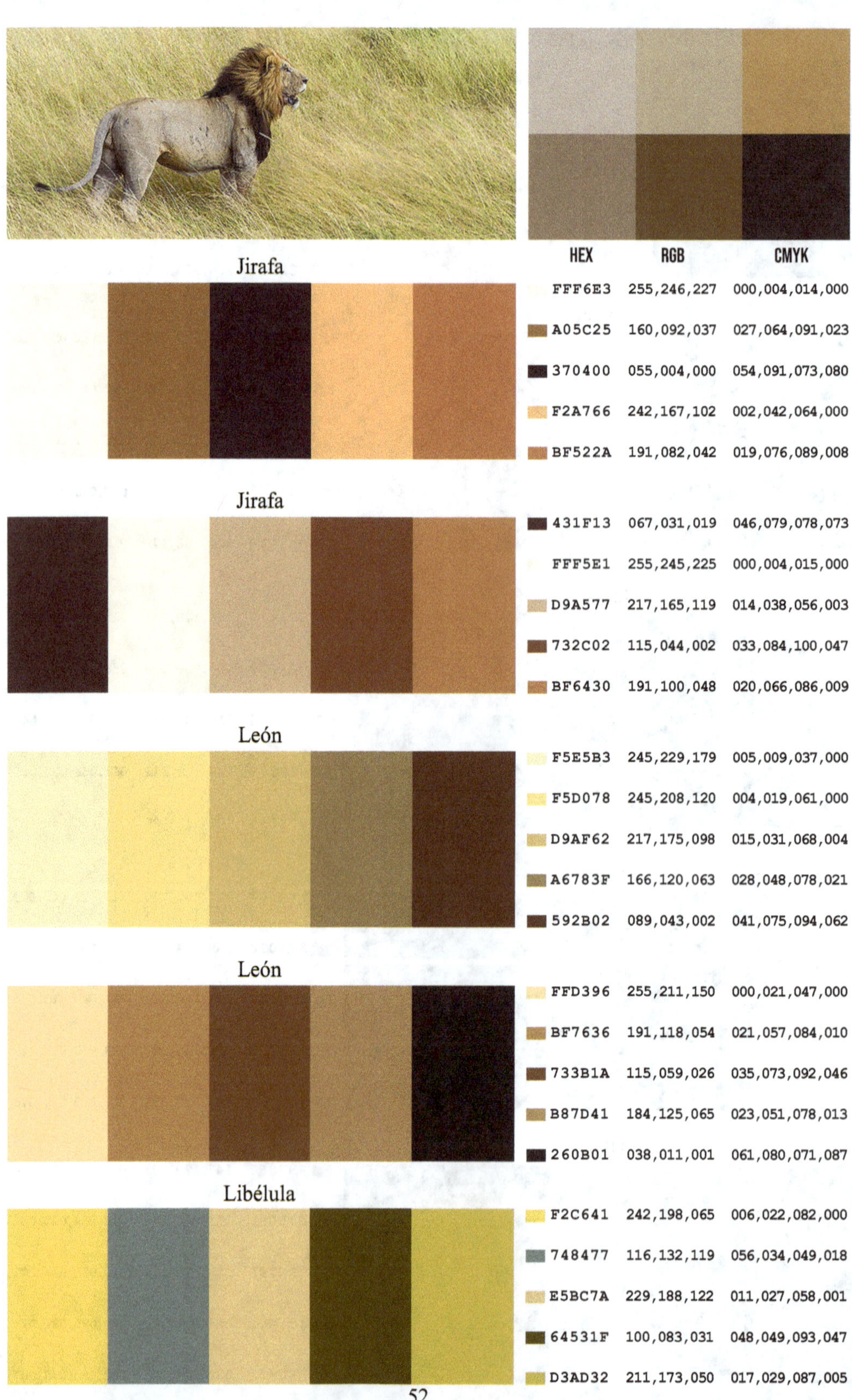

Jirafa

HEX	RGB	CMYK
FFF6E3	255,246,227	000,004,014,000
A05C25	160,092,037	027,064,091,023
370400	055,004,000	054,091,073,080
F2A766	242,167,102	002,042,064,000
BF522A	191,082,042	019,076,089,008

Jirafa

HEX	RGB	CMYK
431F13	067,031,019	046,079,078,073
FFF5E1	255,245,225	000,004,015,000
D9A577	217,165,119	014,038,056,003
732C02	115,044,002	033,084,100,047
BF6430	191,100,048	020,066,086,009

León

HEX	RGB	CMYK
F5E5B3	245,229,179	005,009,037,000
F5D078	245,208,120	004,019,061,000
D9AF62	217,175,098	015,031,068,004
A6783F	166,120,063	028,048,078,021
592B02	089,043,002	041,075,094,062

León

HEX	RGB	CMYK
FFD396	255,211,150	000,021,047,000
BF7636	191,118,054	021,057,084,010
733B1A	115,059,026	035,073,092,046
B87D41	184,125,065	023,051,078,013
260B01	038,011,001	061,080,071,087

Libélula

HEX	RGB	CMYK
F2C641	242,198,065	006,022,082,000
748477	116,132,119	056,034,049,018
E5BC7A	229,188,122	011,027,058,001
64531F	100,083,031	048,049,093,047
D3AD32	211,173,050	017,029,087,005

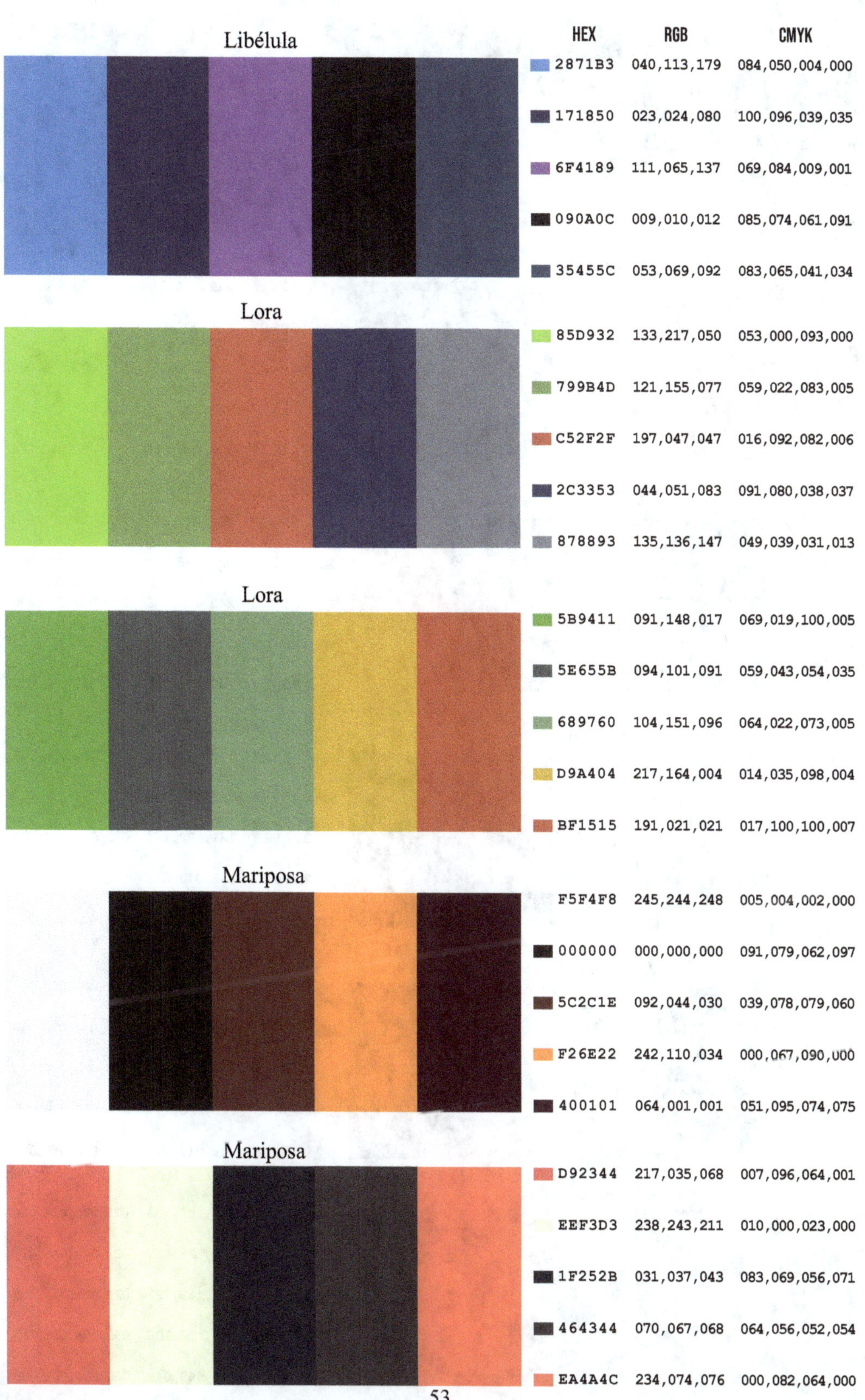

Libélula
HEX RGB CMYK
2871B3 040,113,179 084,050,004,000
171850 023,024,080 100,096,039,035
6F4189 111,065,137 069,084,009,001
090A0C 009,010,012 085,074,061,091
35455C 053,069,092 083,065,041,034

Lora
85D932 133,217,050 053,000,093,000
799B4D 121,155,077 059,022,083,005
C52F2F 197,047,047 016,092,082,006
2C3353 044,051,083 091,080,038,037
878893 135,136,147 049,039,031,013

Lora
5B9411 091,148,017 069,019,100,005
5E655B 094,101,091 059,043,054,035
689760 104,151,096 064,022,073,005
D9A404 217,164,004 014,035,098,004
BF1515 191,021,021 017,100,100,007

Mariposa
F5F4F8 245,244,248 005,004,002,000
000000 000,000,000 091,079,062,097
5C2C1E 092,044,030 039,078,079,060
F26E22 242,110,034 000,067,090,000
400101 064,001,001 051,095,074,075

Mariposa
D92344 217,035,068 007,096,064,001
EEF3D3 238,243,211 010,000,023,000
1F252B 031,037,043 083,069,056,071
464344 070,067,068 064,056,052,054
EA4A4C 234,074,076 000,082,064,000

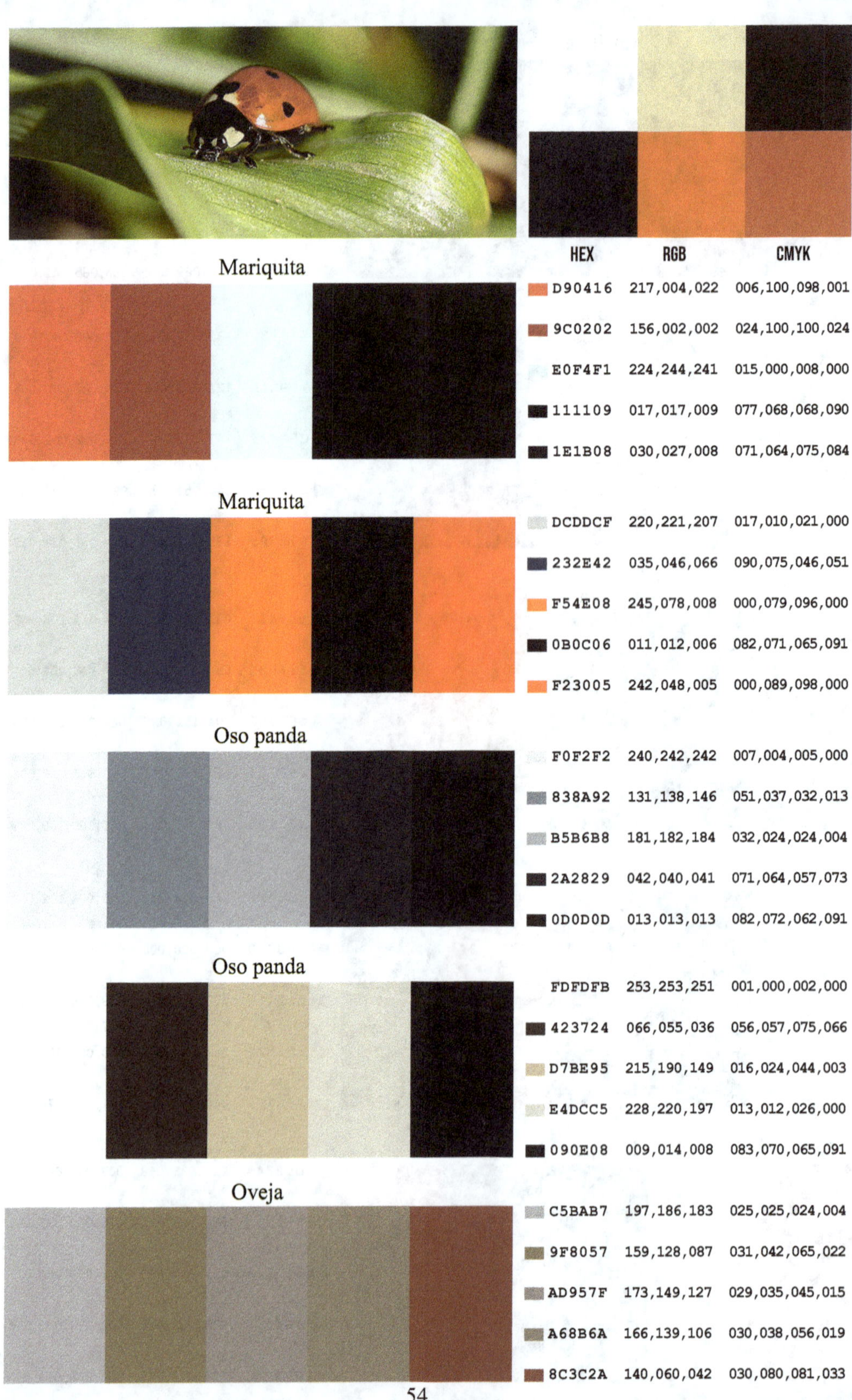

Mariquita

	HEX	RGB	CMYK
	D90416	217,004,022	006,100,098,001
	9C0202	156,002,002	024,100,100,024
	E0F4F1	224,244,241	015,000,008,000
	111109	017,017,009	077,068,068,090
	1E1B08	030,027,008	071,064,075,084

Mariquita

	HEX	RGB	CMYK
	DCDDCF	220,221,207	017,010,021,000
	232E42	035,046,066	090,075,046,051
	F54E08	245,078,008	000,079,096,000
	0B0C06	011,012,006	082,071,065,091
	F23005	242,048,005	000,089,098,000

Oso panda

	HEX	RGB	CMYK
	F0F2F2	240,242,242	007,004,005,000
	838A92	131,138,146	051,037,032,013
	B5B6B8	181,182,184	032,024,024,004
	2A2829	042,040,041	071,064,057,073
	0D0D0D	013,013,013	082,072,062,091

Oso panda

	HEX	RGB	CMYK
	FDFDFB	253,253,251	001,000,002,000
	423724	066,055,036	056,057,075,066
	D7BE95	215,190,149	016,024,044,003
	E4DCC5	228,220,197	013,012,026,000
	090E08	009,014,008	083,070,065,091

Oveja

	HEX	RGB	CMYK
	C5BAB7	197,186,183	025,025,024,004
	9F8057	159,128,087	031,042,065,022
	AD957F	173,149,127	029,035,045,015
	A68B6A	166,139,106	030,038,056,019
	8C3C2A	140,060,042	030,080,081,033

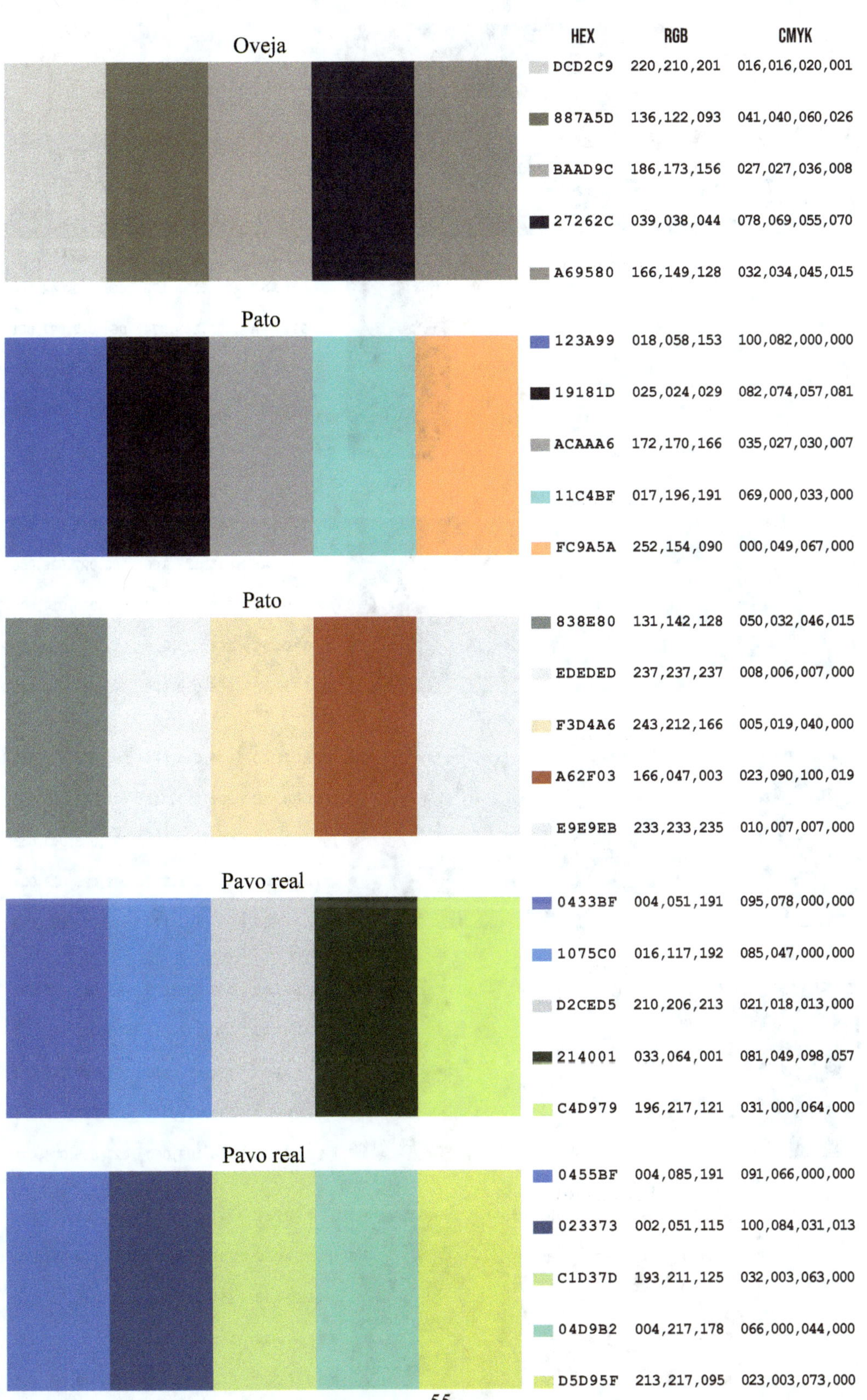

Oveja

HEX   RGB   CMYK
DCD2C9   220,210,201   016,016,020,001
887A5D   136,122,093   041,040,060,026
BAAD9C   186,173,156   027,027,036,008
27262C   039,038,044   078,069,055,070
A69580   166,149,128   032,034,045,015

Pato
123A99   018,058,153   100,082,000,000
19181D   025,024,029   082,074,057,081
ACAAA6   172,170,166   035,027,030,007
11C4BF   017,196,191   069,000,033,000
FC9A5A   252,154,090   000,049,067,000

Pato
838E80   131,142,128   050,032,046,015
EDEDED   237,237,237   008,006,007,000
F3D4A6   243,212,166   005,019,040,000
A62F03   166,047,003   023,090,100,019
E9E9EB   233,233,235   010,007,007,000

Pavo real
0433BF   004,051,191   095,078,000,000
1075C0   016,117,192   085,047,000,000
D2CED5   210,206,213   021,018,013,000
214001   033,064,001   081,049,098,057
C4D979   196,217,121   031,000,064,000

Pavo real
0455BF   004,085,191   091,066,000,000
023373   002,051,115   100,084,031,013
C1D37D   193,211,125   032,003,063,000
04D9B2   004,217,178   066,000,044,000
D5D95F   213,217,095   023,003,073,000

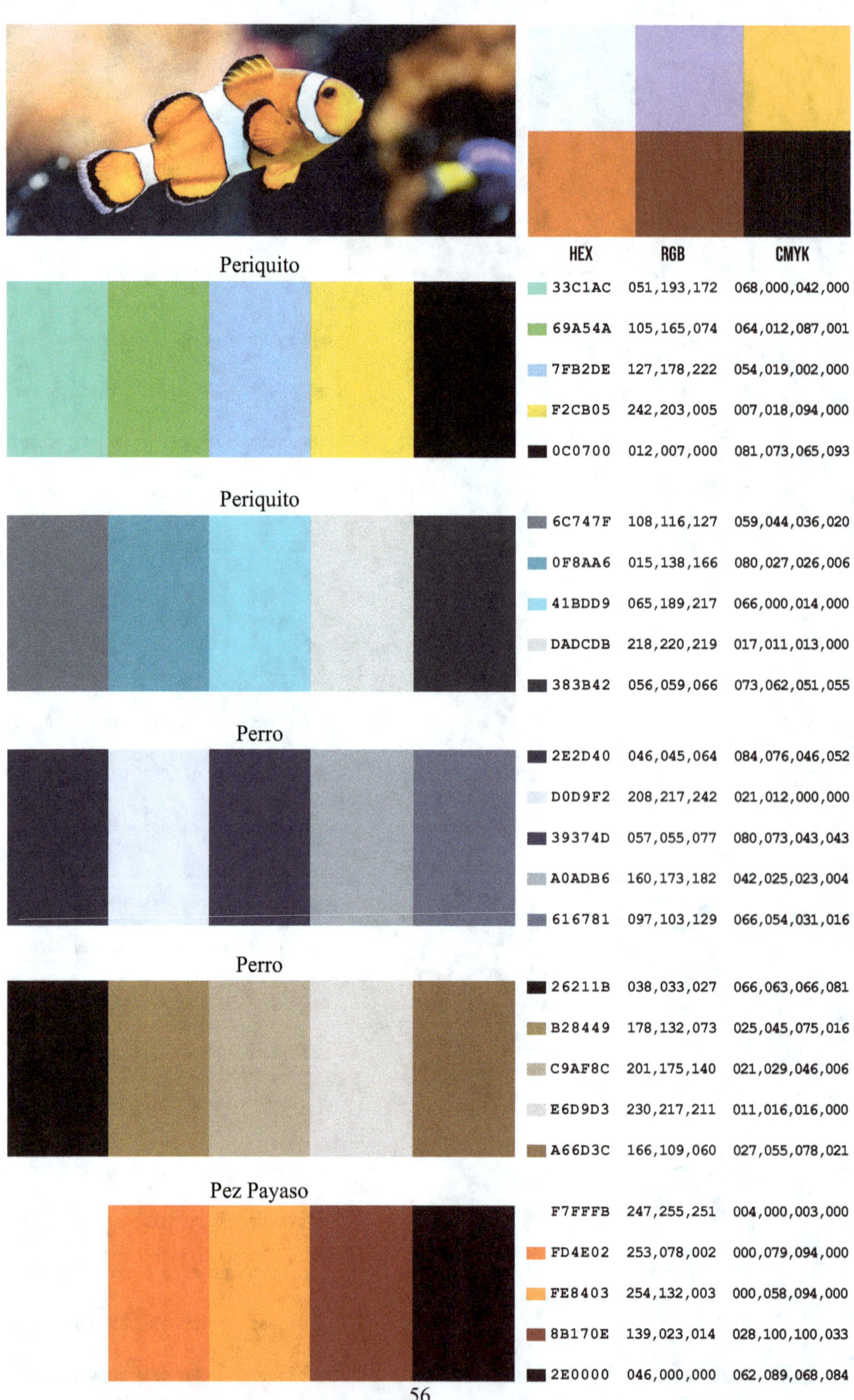

Periquito

	HEX	RGB	CMYK
	33C1AC	051,193,172	068,000,042,000
	69A54A	105,165,074	064,012,087,001
	7FB2DE	127,178,222	054,019,002,000
	F2CB05	242,203,005	007,018,094,000
	0C0700	012,007,000	081,073,065,093

Periquito

	HEX	RGB	CMYK
	6C747F	108,116,127	059,044,036,020
	0F8AA6	015,138,166	080,027,026,006
	41BDD9	065,189,217	066,000,014,000
	DADCDB	218,220,219	017,011,013,000
	383B42	056,059,066	073,062,051,055

Perro

	HEX	RGB	CMYK
	2E2D40	046,045,064	084,076,046,052
	D0D9F2	208,217,242	021,012,000,000
	39374D	057,055,077	080,073,043,043
	A0ADB6	160,173,182	042,025,023,004
	616781	097,103,129	066,054,031,016

Perro

	HEX	RGB	CMYK
	26211B	038,033,027	066,063,066,081
	B28449	178,132,073	025,045,075,016
	C9AF8C	201,175,140	021,029,046,006
	E6D9D3	230,217,211	011,016,016,000
	A66D3C	166,109,060	027,055,078,021

Pez Payaso

	HEX	RGB	CMYK
	F7FFFB	247,255,251	004,000,003,000
	FD4E02	253,078,002	000,079,094,000
	FE8403	254,132,003	000,058,094,000
	8B170E	139,023,014	028,100,100,033
	2E0000	046,000,000	062,089,068,084

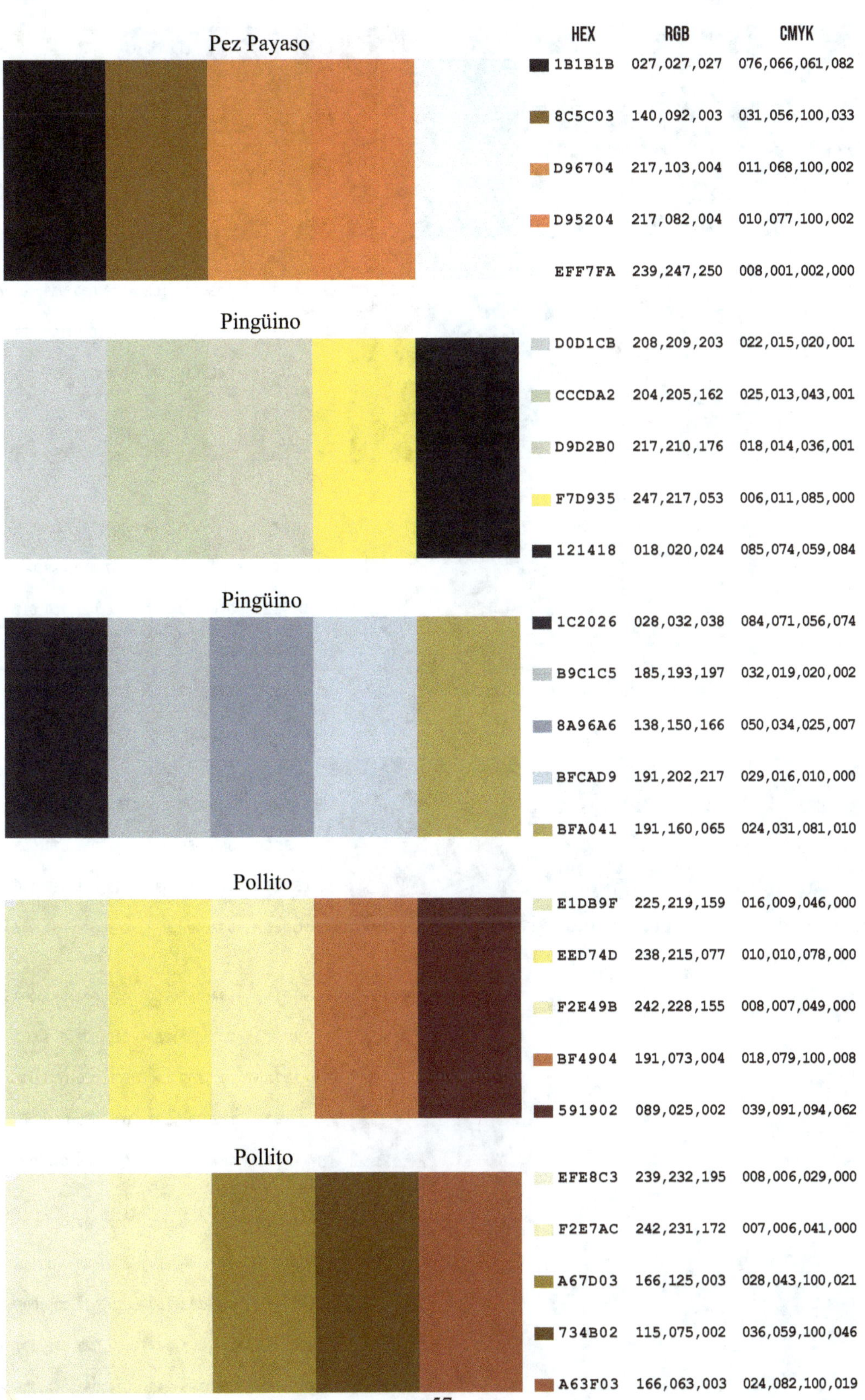

Pez Payaso

HEX	RGB	CMYK
1B1B1B	027,027,027	076,066,061,082
8C5C03	140,092,003	031,056,100,033
D96704	217,103,004	011,068,100,002
D95204	217,082,004	010,077,100,002
EFF7FA	239,247,250	008,001,002,000

Pingüino

HEX	RGB	CMYK
D0D1CB	208,209,203	022,015,020,001
CCCDA2	204,205,162	025,013,043,001
D9D2B0	217,210,176	018,014,036,001
F7D935	247,217,053	006,011,085,000
121418	018,020,024	085,074,059,084

Pingüino

HEX	RGB	CMYK
1C2026	028,032,038	084,071,056,074
B9C1C5	185,193,197	032,019,020,002
8A96A6	138,150,166	050,034,025,007
BFCAD9	191,202,217	029,016,010,000
BFA041	191,160,065	024,031,081,010

Pollito

HEX	RGB	CMYK
E1DB9F	225,219,159	016,009,046,000
EED74D	238,215,077	010,010,078,000
F2E49B	242,228,155	008,007,049,000
BF4904	191,073,004	018,079,100,008
591902	089,025,002	039,091,094,062

Pollito

HEX	RGB	CMYK
EFE8C3	239,232,195	008,006,029,000
F2E7AC	242,231,172	007,006,041,000
A67D03	166,125,003	028,043,100,021
734B02	115,075,002	036,059,100,046
A63F03	166,063,003	024,082,100,019

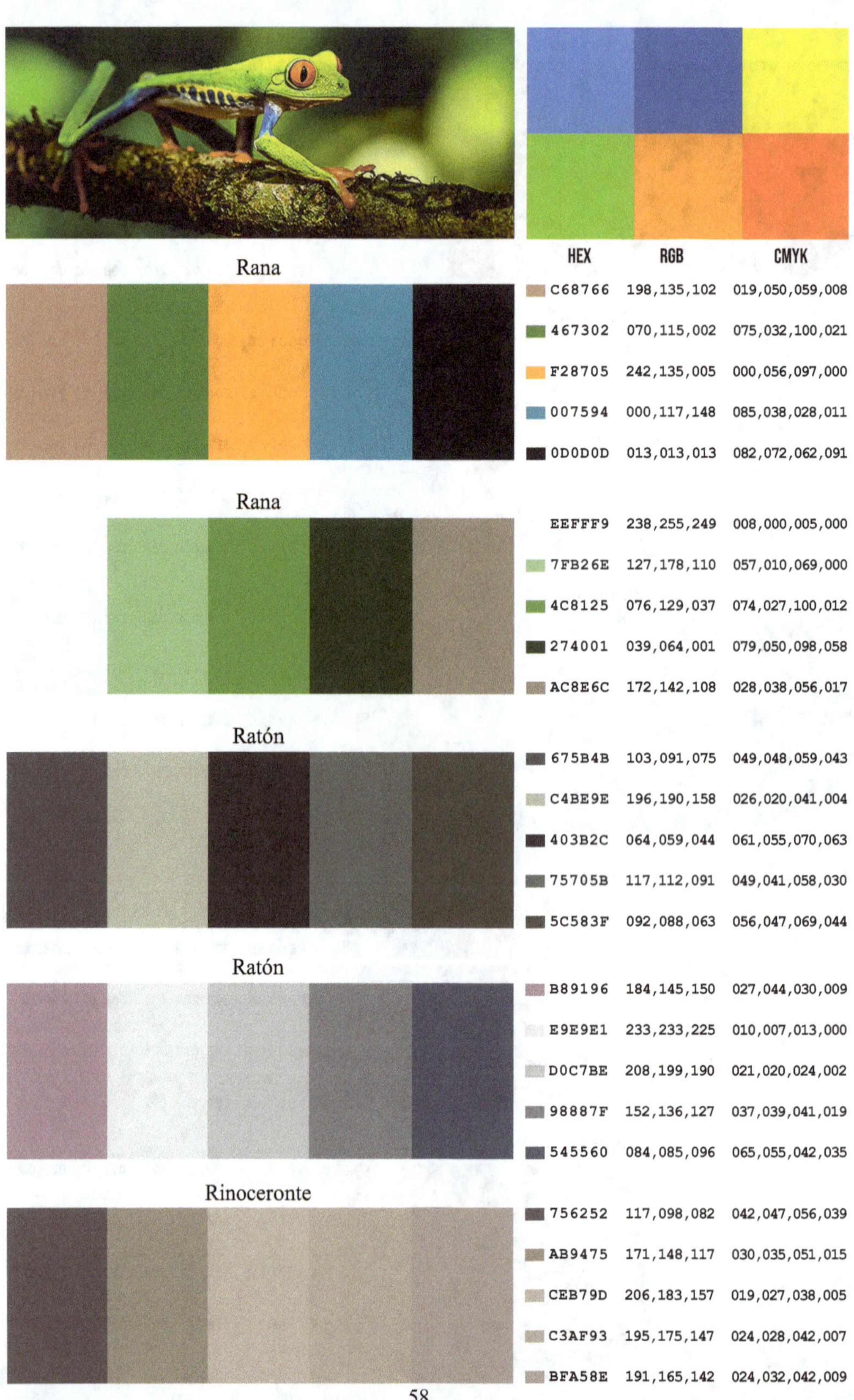

Rana

HEX	RGB	CMYK
C68766	198,135,102	019,050,059,008
467302	070,115,002	075,032,100,021
F28705	242,135,005	000,056,097,000
007594	000,117,148	085,038,028,011
0D0D0D	013,013,013	082,072,062,091

Rana

EEFFF9	238,255,249	008,000,005,000
7FB26E	127,178,110	057,010,069,000
4C8125	076,129,037	074,027,100,012
274001	039,064,001	079,050,098,058
AC8E6C	172,142,108	028,038,056,017

Ratón

675B4B	103,091,075	049,048,059,043
C4BE9E	196,190,158	026,020,041,004
403B2C	064,059,044	061,055,070,063
75705B	117,112,091	049,041,058,030
5C583F	092,088,063	056,047,069,044

Ratón

B89196	184,145,150	027,044,030,009
E9E9E1	233,233,225	010,007,013,000
D0C7BE	208,199,190	021,020,024,002
98887F	152,136,127	037,039,041,019
545560	084,085,096	065,055,042,035

Rinoceronte

756252	117,098,082	042,047,056,039
AB9475	171,148,117	030,035,051,015
CEB79D	206,183,157	019,027,038,005
C3AF93	195,175,147	024,028,042,007
BFA58E	191,165,142	024,032,042,009

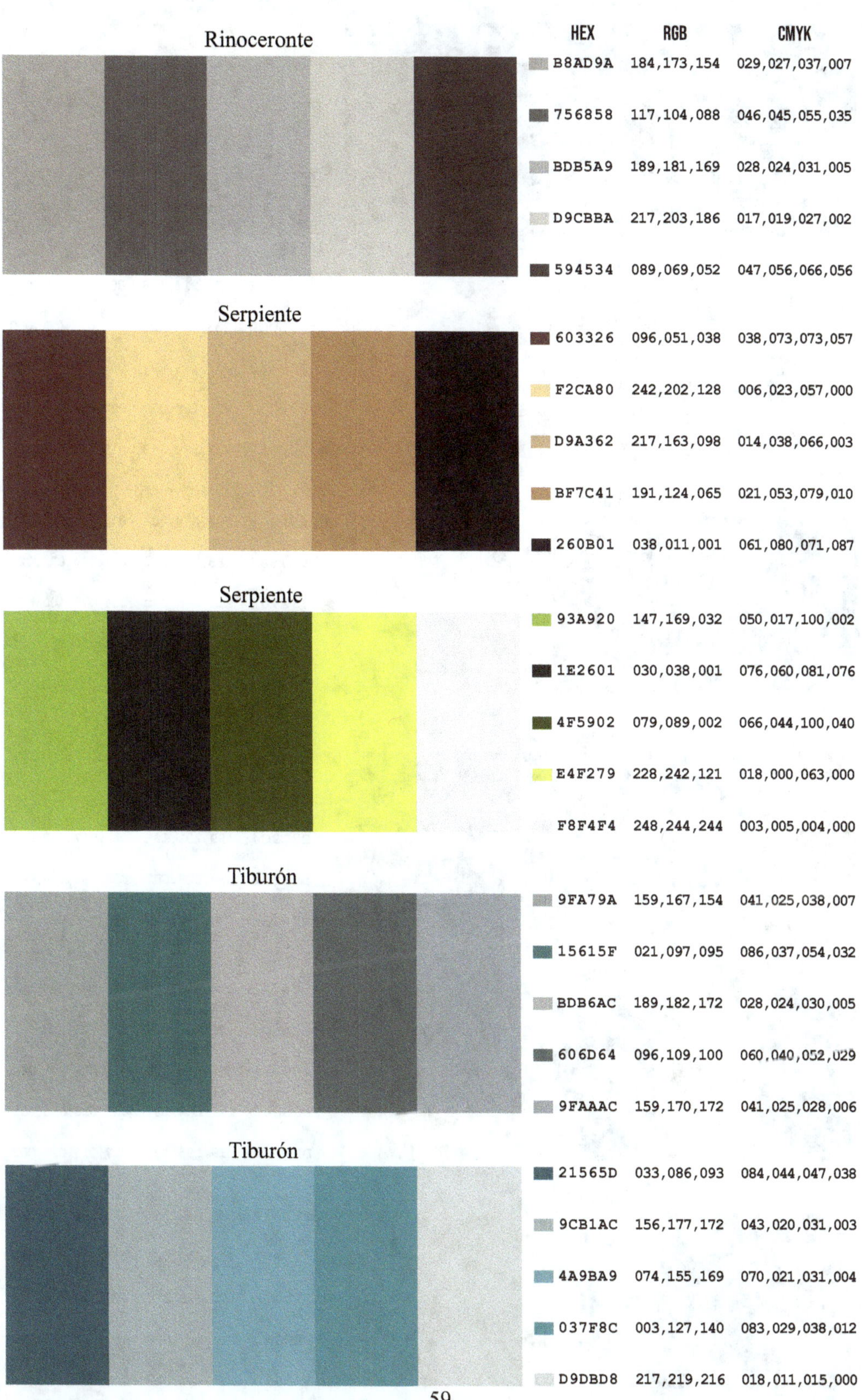

Rinoceronte

HEX   RGB   CMYK
B8AD9A   184,173,154   029,027,037,007
756858   117,104,088   046,045,055,035
BDB5A9   189,181,169   028,024,031,005
D9CBBA   217,203,186   017,019,027,002
594534   089,069,052   047,056,066,056

Serpiente

603326   096,051,038   038,073,073,057
F2CA80   242,202,128   006,023,057,000
D9A362   217,163,098   014,038,066,003
BF7C41   191,124,065   021,053,079,010
260B01   038,011,001   061,080,071,087

Serpiente

93A920   147,169,032   050,017,100,002
1E2601   030,038,001   076,060,081,076
4F5902   079,089,002   066,044,100,040
E4F279   228,242,121   018,000,063,000
F8F4F4   248,244,244   003,005,004,000

Tiburón

9FA79A   159,167,154   041,025,038,007
15615F   021,097,095   086,037,054,032
BDB6AC   189,182,172   028,024,030,005
606D64   096,109,100   060,040,052,029
9FAAAC   159,170,172   041,025,028,006

Tiburón

21565D   033,086,093   084,044,047,038
9CB1AC   156,177,172   043,020,031,003
4A9BA9   074,155,169   070,021,031,004
037F8C   003,127,140   083,029,038,012
D9DBD8   217,219,216   018,011,015,000

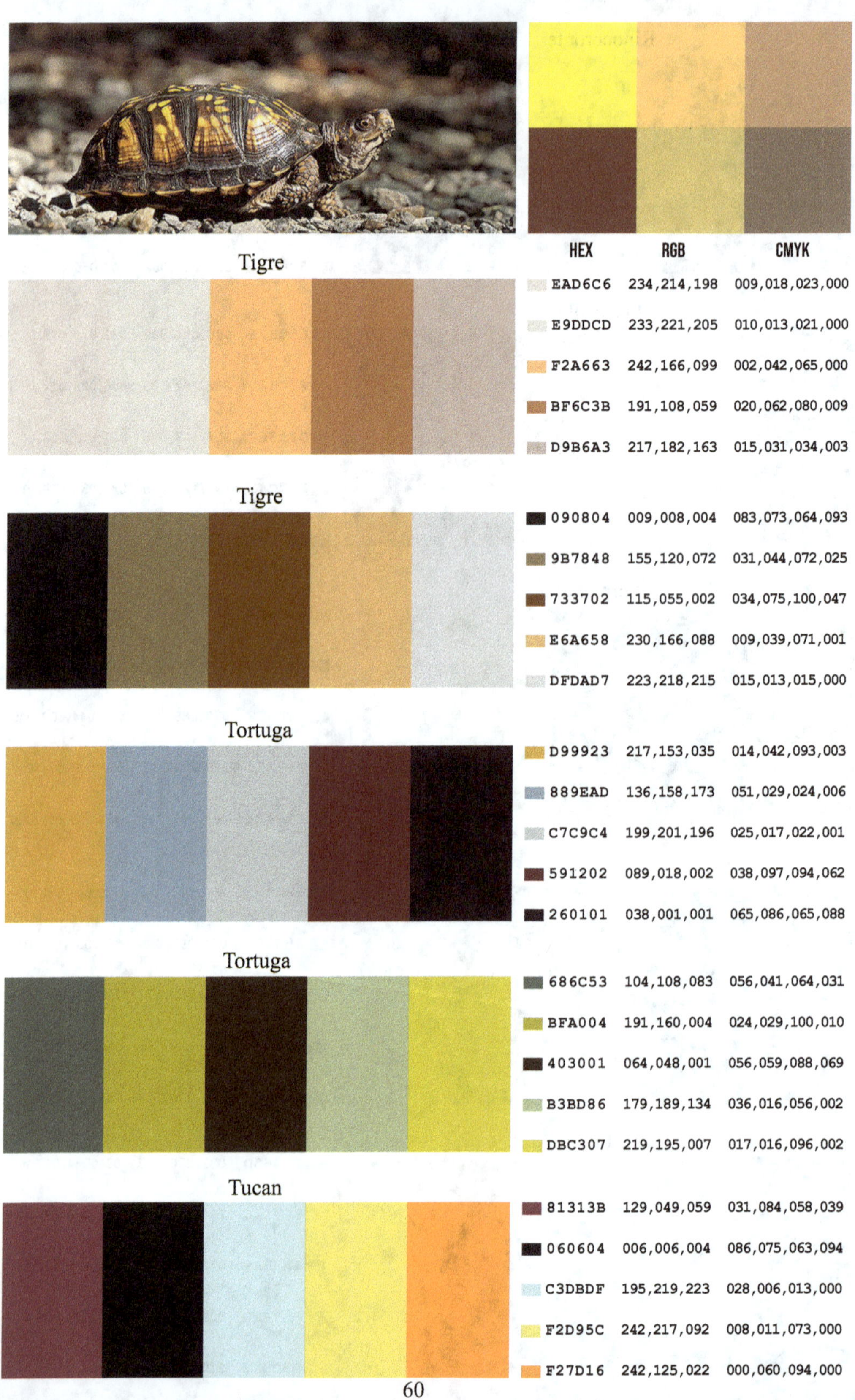

Tigre

	HEX	RGB	CMYK
	EAD6C6	234,214,198	009,018,023,000
	E9DDCD	233,221,205	010,013,021,000
	F2A663	242,166,099	002,042,065,000
	BF6C3B	191,108,059	020,062,080,009
	D9B6A3	217,182,163	015,031,034,003

Tigre

	HEX	RGB	CMYK
	090804	009,008,004	083,073,064,093
	9B7848	155,120,072	031,044,072,025
	733702	115,055,002	034,075,100,047
	E6A658	230,166,088	009,039,071,001
	DFDAD7	223,218,215	015,013,015,000

Tortuga

	HEX	RGB	CMYK
	D99923	217,153,035	014,042,093,003
	889EAD	136,158,173	051,029,024,006
	C7C9C4	199,201,196	025,017,022,001
	591202	089,018,002	038,097,094,062
	260101	038,001,001	065,086,065,088

Tortuga

	HEX	RGB	CMYK
	686C53	104,108,083	056,041,064,031
	BFA004	191,160,004	024,029,100,010
	403001	064,048,001	056,059,088,069
	B3BD86	179,189,134	036,016,056,002
	DBC307	219,195,007	017,016,096,002

Tucan

	HEX	RGB	CMYK
	81313B	129,049,059	031,084,058,039
	060604	006,006,004	086,075,063,094
	C3DBDF	195,219,223	028,006,013,000
	F2D95C	242,217,092	008,011,073,000
	F27D16	242,125,022	000,060,094,000

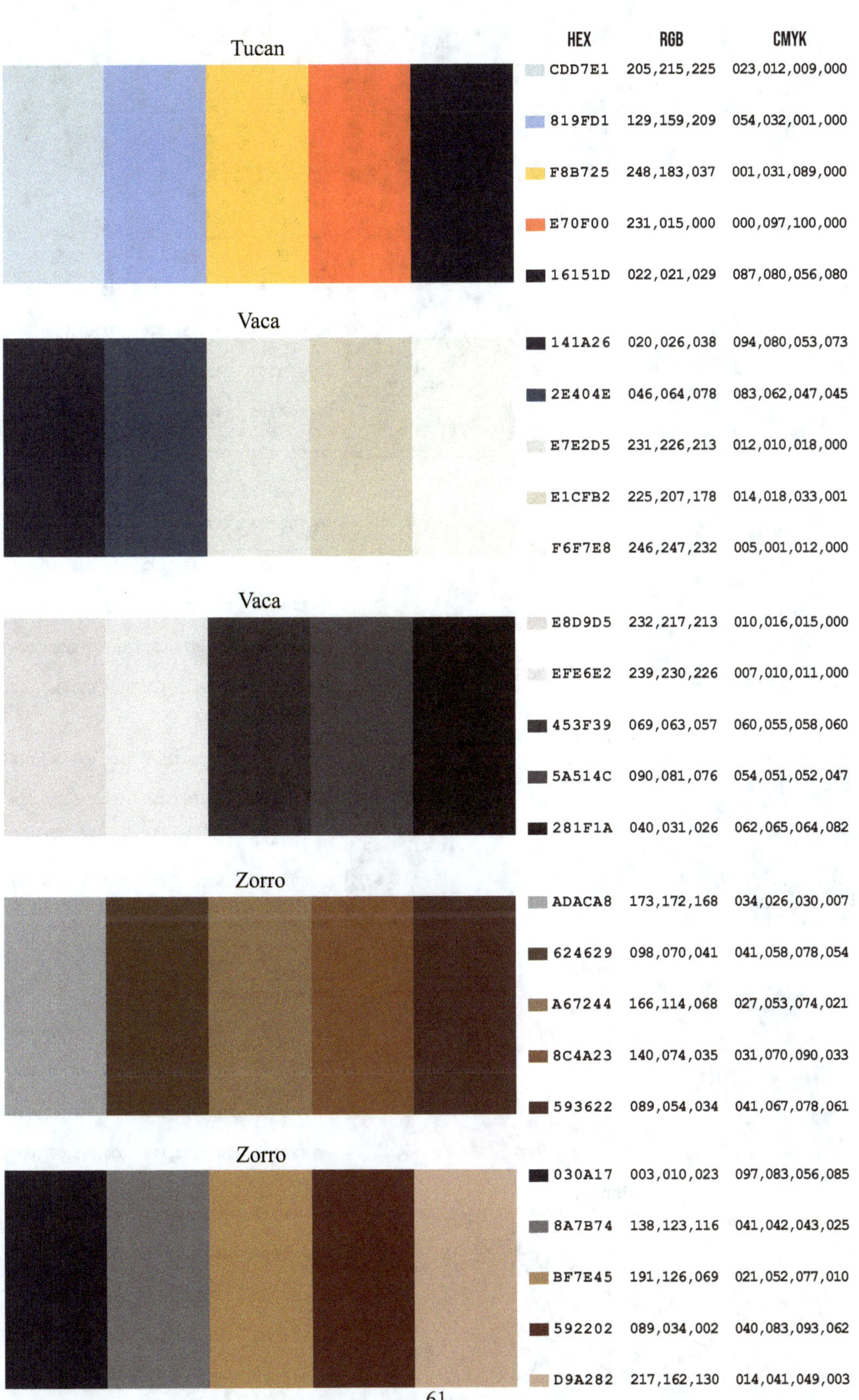

Tucan
HEX	RGB	CMYK
CDD7E1	205,215,225	023,012,009,000
819FD1	129,159,209	054,032,001,000
F8B725	248,183,037	001,031,089,000
E70F00	231,015,000	000,097,100,000
16151D	022,021,029	087,080,056,080

Vaca
141A26	020,026,038	094,080,053,073
2E404E	046,064,078	083,062,047,045
E7E2D5	231,226,213	012,010,018,000
E1CFB2	225,207,178	014,018,033,001
F6F7E8	246,247,232	005,001,012,000

Vaca
E8D9D5	232,217,213	010,016,015,000
EFE6E2	239,230,226	007,010,011,000
453F39	069,063,057	060,055,058,060
5A514C	090,081,076	054,051,052,047
281F1A	040,031,026	062,065,064,082

Zorro
ADACA8	173,172,168	034,026,030,007
624629	098,070,041	041,058,078,054
A67244	166,114,068	027,053,074,021
8C4A23	140,074,035	031,070,090,033
593622	089,054,034	041,067,078,061

Zorro
030A17	003,010,023	097,083,056,085
8A7B74	138,123,116	041,042,043,025
BF7E45	191,126,069	021,052,077,010
592202	089,034,002	040,083,093,062
D9A282	217,162,130	014,041,049,003

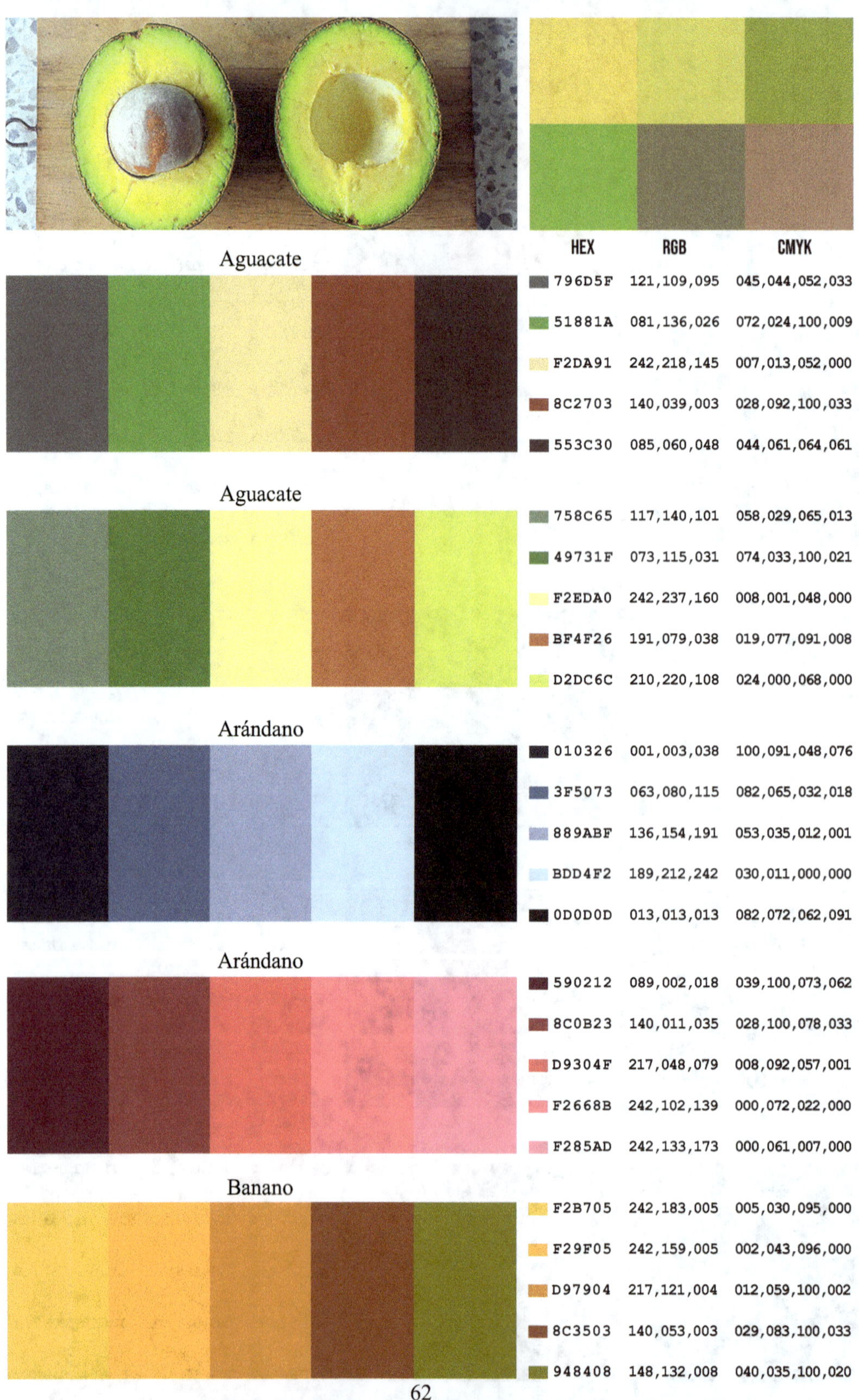

Aguacate

HEX	RGB	CMYK
796D5F	121,109,095	045,044,052,033
51881A	081,136,026	072,024,100,009
F2DA91	242,218,145	007,013,052,000
8C2703	140,039,003	028,092,100,033
553C30	085,060,048	044,061,064,061

Aguacate

HEX	RGB	CMYK
758C65	117,140,101	058,029,065,013
49731F	073,115,031	074,033,100,021
F2EDA0	242,237,160	008,001,048,000
BF4F26	191,079,038	019,077,091,008
D2DC6C	210,220,108	024,000,068,000

Arándano

HEX	RGB	CMYK
010326	001,003,038	100,091,048,076
3F5073	063,080,115	082,065,032,018
889ABF	136,154,191	053,035,012,001
BDD4F2	189,212,242	030,011,000,000
0D0D0D	013,013,013	082,072,062,091

Arándano

HEX	RGB	CMYK
590212	089,002,018	039,100,073,062
8C0B23	140,011,035	028,100,078,033
D9304F	217,048,079	008,092,057,001
F2668B	242,102,139	000,072,022,000
F285AD	242,133,173	000,061,007,000

Banano

HEX	RGB	CMYK
F2B705	242,183,005	005,030,095,000
F29F05	242,159,005	002,043,096,000
D97904	217,121,004	012,059,100,002
8C3503	140,053,003	029,083,100,033
948408	148,132,008	040,035,100,020

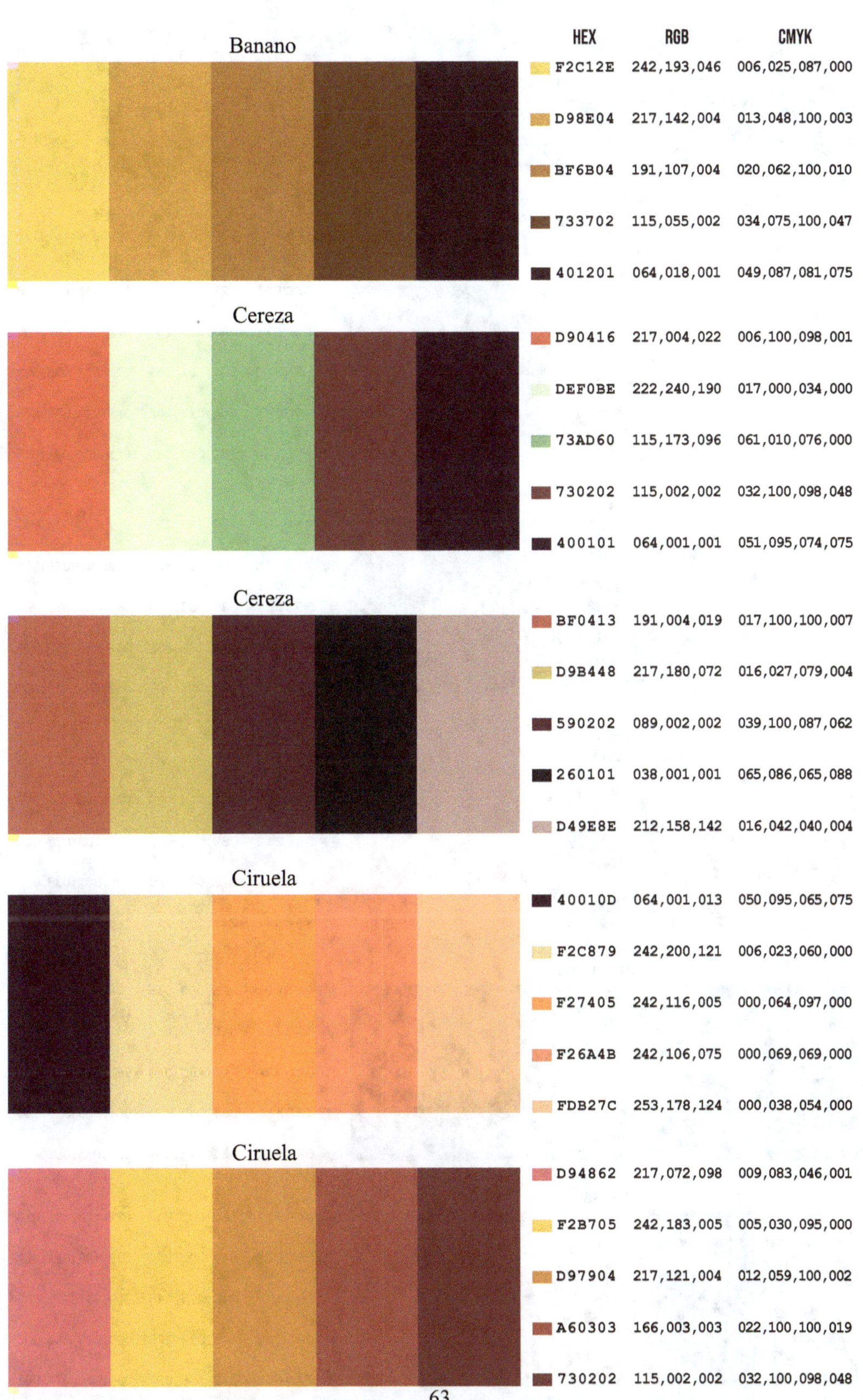

	HEX	RGB	CMYK
	F2C12E	242,193,046	006,025,087,000
	D98E04	217,142,004	013,048,100,003
	BF6B04	191,107,004	020,062,100,010
	733702	115,055,002	034,075,100,047
	401201	064,018,001	049,087,081,075

	HEX	RGB	CMYK
	D90416	217,004,022	006,100,098,001
	DEF0BE	222,240,190	017,000,034,000
	73AD60	115,173,096	061,010,076,000
	730202	115,002,002	032,100,098,048
	400101	064,001,001	051,095,074,075

	HEX	RGB	CMYK
	BF0413	191,004,019	017,100,100,007
	D9B448	217,180,072	016,027,079,004
	590202	089,002,002	039,100,087,062
	260101	038,001,001	065,086,065,088
	D49E8E	212,158,142	016,042,040,004

	HEX	RGB	CMYK
	40010D	064,001,013	050,095,065,075
	F2C879	242,200,121	006,023,060,000
	F27405	242,116,005	000,064,097,000
	F26A4B	242,106,075	000,069,069,000
	FDB27C	253,178,124	000,038,054,000

	HEX	RGB	CMYK
	D94862	217,072,098	009,083,046,001
	F2B705	242,183,005	005,030,095,000
	D97904	217,121,004	012,059,100,002
	A60303	166,003,003	022,100,100,019
	730202	115,002,002	032,100,098,048

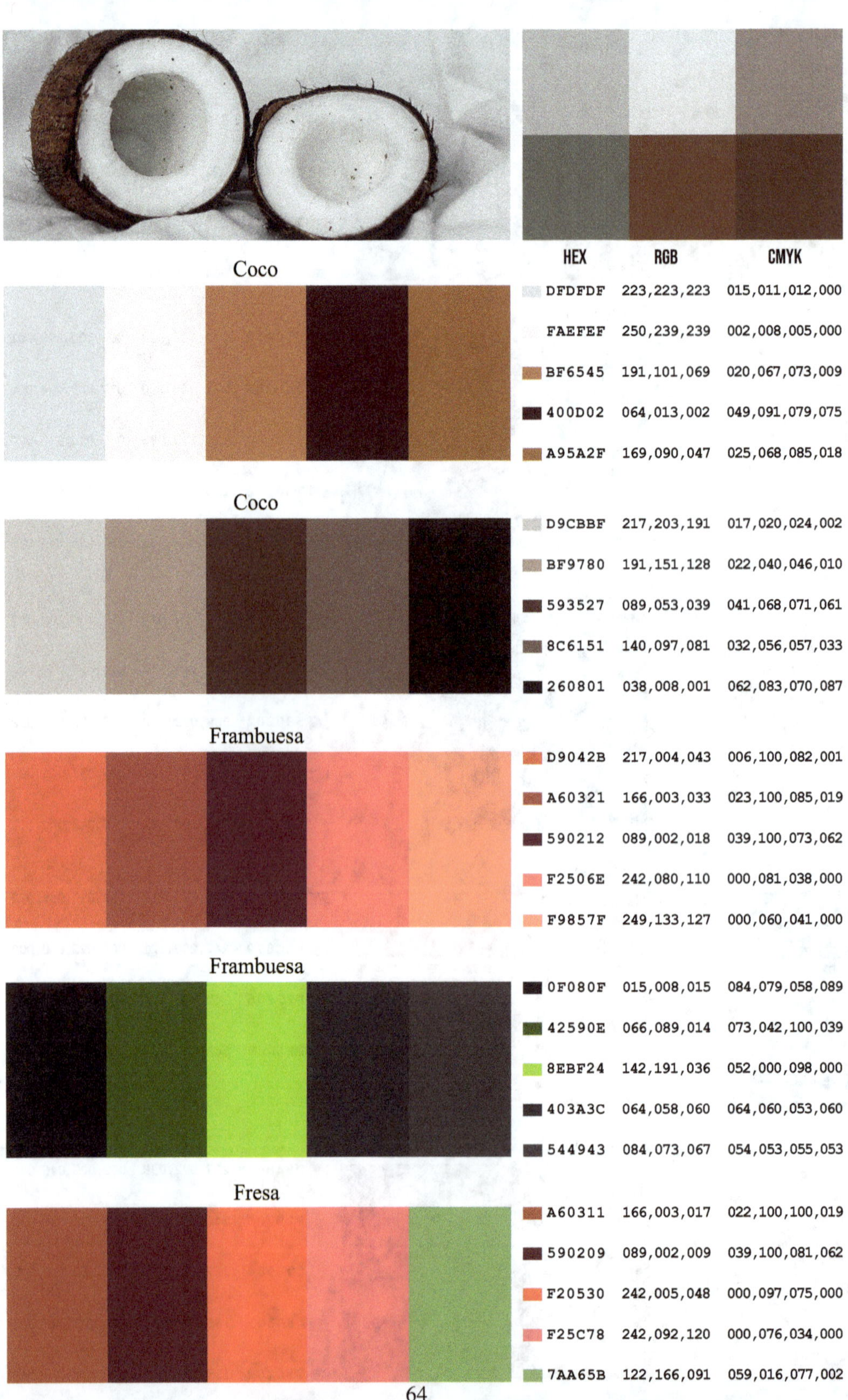

Coco

HEX	RGB	CMYK
DFDFDF	223,223,223	015,011,012,000
FAEFEF	250,239,239	002,008,005,000
BF6545	191,101,069	020,067,073,009
400D02	064,013,002	049,091,079,075
A95A2F	169,090,047	025,068,085,018

Coco

HEX	RGB	CMYK
D9CBBF	217,203,191	017,020,024,002
BF9780	191,151,128	022,040,046,010
593527	089,053,039	041,068,071,061
8C6151	140,097,081	032,056,057,033
260801	038,008,001	062,083,070,087

Frambuesa

HEX	RGB	CMYK
D9042B	217,004,043	006,100,082,001
A60321	166,003,033	023,100,085,019
590212	089,002,018	039,100,073,062
F2506E	242,080,110	000,081,038,000
F9857F	249,133,127	000,060,041,000

Frambuesa

HEX	RGB	CMYK
0F080F	015,008,015	084,079,058,089
42590E	066,089,014	073,042,100,039
8EBF24	142,191,036	052,000,098,000
403A3C	064,058,060	064,060,053,060
544943	084,073,067	054,053,055,053

Fresa

HEX	RGB	CMYK
A60311	166,003,017	022,100,100,019
590209	089,002,009	039,100,081,062
F20530	242,005,048	000,097,075,000
F25C78	242,092,120	000,076,034,000
7AA65B	122,166,091	059,016,077,002

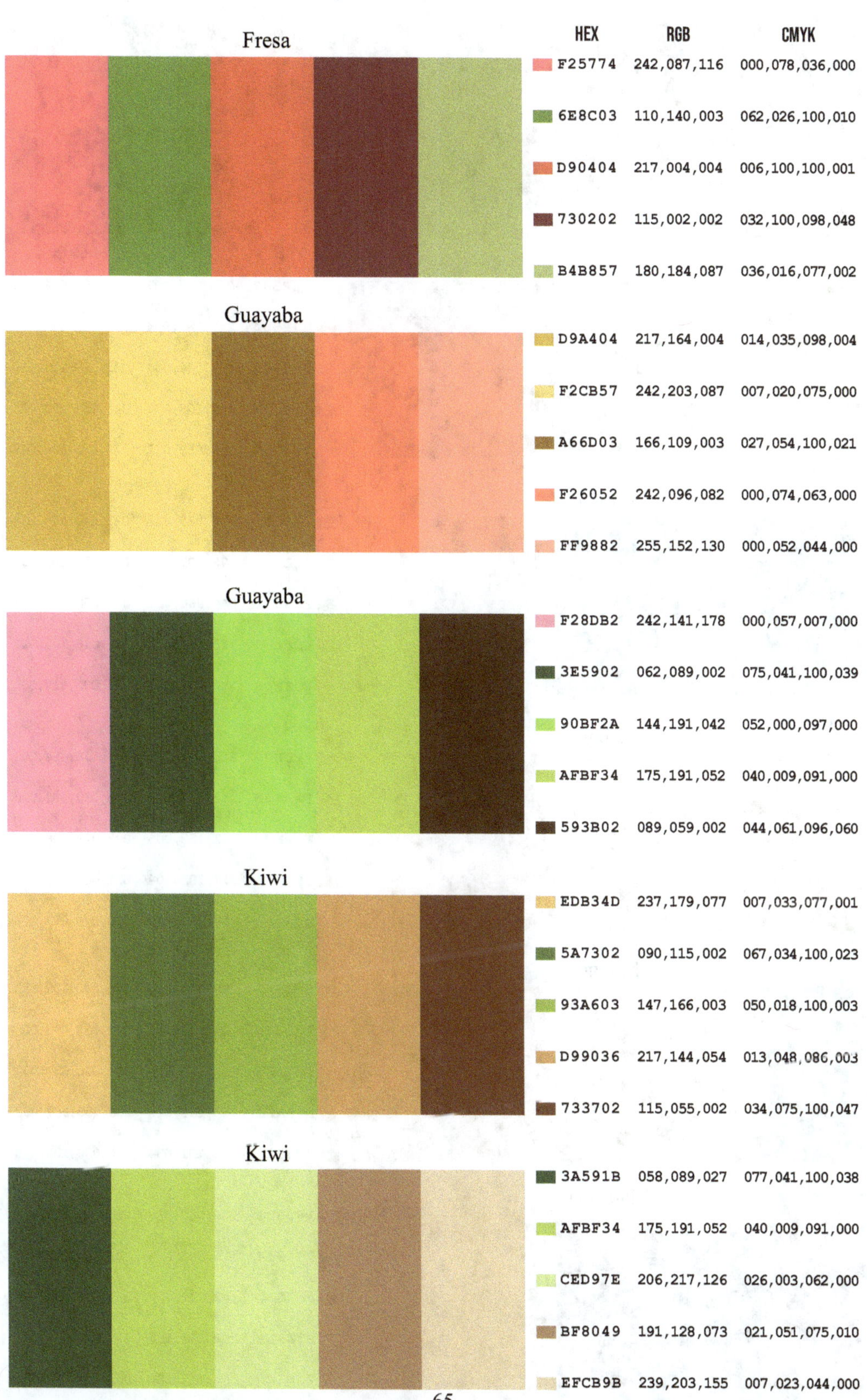

	HEX	RGB	CMYK

Fresa

	HEX	RGB	CMYK
	F25774	242,087,116	000,078,036,000
	6E8C03	110,140,003	062,026,100,010
	D90404	217,004,004	006,100,100,001
	730202	115,002,002	032,100,098,048
	B4B857	180,184,087	036,016,077,002

Guayaba

	HEX	RGB	CMYK
	D9A404	217,164,004	014,035,098,004
	F2CB57	242,203,087	007,020,075,000
	A66D03	166,109,003	027,054,100,021
	F26052	242,096,082	000,074,063,000
	FF9882	255,152,130	000,052,044,000

Guayaba

	HEX	RGB	CMYK
	F28DB2	242,141,178	000,057,007,000
	3E5902	062,089,002	075,041,100,039
	90BF2A	144,191,042	052,000,097,000
	AFBF34	175,191,052	040,009,091,000
	593B02	089,059,002	044,061,096,060

Kiwi

	HEX	RGB	CMYK
	EDB34D	237,179,077	007,033,077,001
	5A7302	090,115,002	067,034,100,023
	93A603	147,166,003	050,018,100,003
	D99036	217,144,054	013,048,086,003
	733702	115,055,002	034,075,100,047

Kiwi

	HEX	RGB	CMYK
	3A591B	058,089,027	077,041,100,038
	AFBF34	175,191,052	040,009,091,000
	CED97E	206,217,126	026,003,062,000
	BF8049	191,128,073	021,051,075,010
	EFCB9B	239,203,155	007,023,044,000

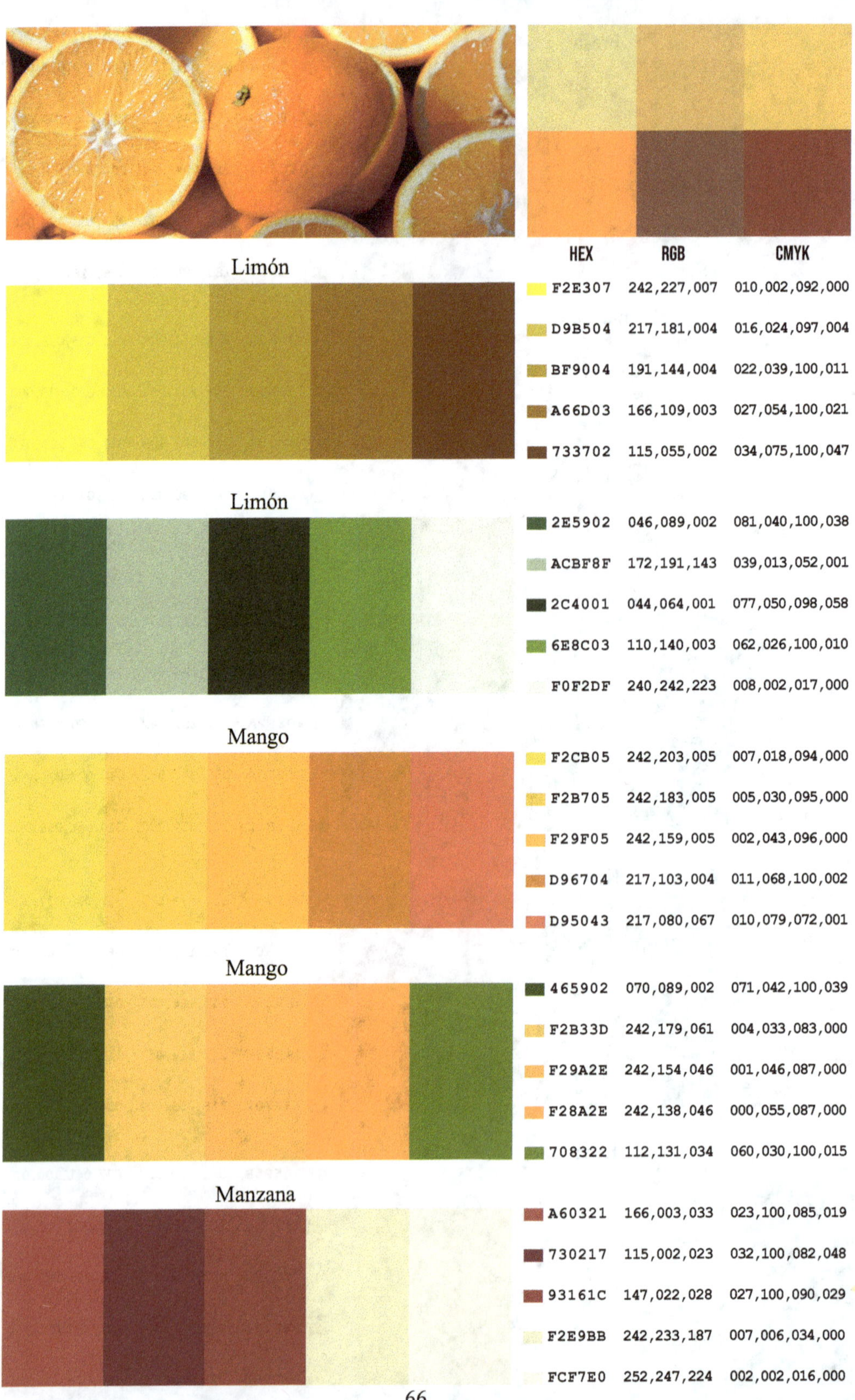

Limón

HEX	RGB	CMYK
F2E307	242,227,007	010,002,092,000
D9B504	217,181,004	016,024,097,004
BF9004	191,144,004	022,039,100,011
A66D03	166,109,003	027,054,100,021
733702	115,055,002	034,075,100,047

Limón

HEX	RGB	CMYK
2E5902	046,089,002	081,040,100,038
ACBF8F	172,191,143	039,013,052,001
2C4001	044,064,001	077,050,098,058
6E8C03	110,140,003	062,026,100,010
F0F2DF	240,242,223	008,002,017,000

Mango

HEX	RGB	CMYK
F2CB05	242,203,005	007,018,094,000
F2B705	242,183,005	005,030,095,000
F29F05	242,159,005	002,043,096,000
D96704	217,103,004	011,068,100,002
D95043	217,080,067	010,079,072,001

Mango

HEX	RGB	CMYK
465902	070,089,002	071,042,100,039
F2B33D	242,179,061	004,033,083,000
F29A2E	242,154,046	001,046,087,000
F28A2E	242,138,046	000,055,087,000
708322	112,131,034	060,030,100,015

Manzana

HEX	RGB	CMYK
A60321	166,003,033	023,100,085,019
730217	115,002,023	032,100,082,048
93161C	147,022,028	027,100,090,029
F2E9BB	242,233,187	007,006,034,000
FCF7E0	252,247,224	002,002,016,000

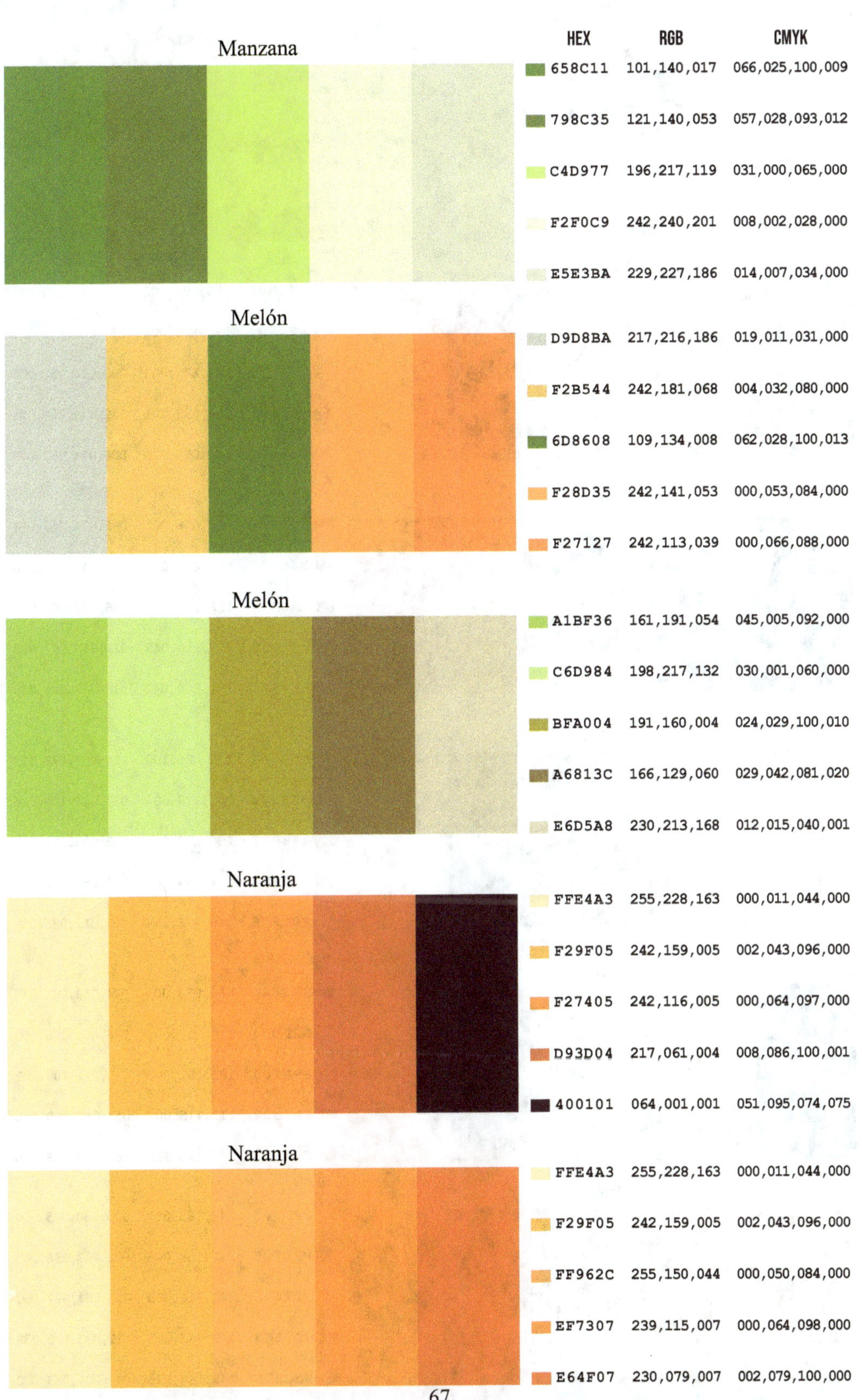

Manzana

HEX   RGB   CMYK
658C11   101,140,017   066,025,100,009
798C35   121,140,053   057,028,093,012
C4D977   196,217,119   031,000,065,000
F2F0C9   242,240,201   008,002,028,000
E5E3BA   229,227,186   014,007,034,000

Melón

D9D8BA   217,216,186   019,011,031,000
F2B544   242,181,068   004,032,080,000
6D8608   109,134,008   062,028,100,013
F28D35   242,141,053   000,053,084,000
F27127   242,113,039   000,066,088,000

Melón

A1BF36   161,191,054   045,005,092,000
C6D984   198,217,132   030,001,060,000
BFA004   191,160,004   024,029,100,010
A6813C   166,129,060   029,042,081,020
E6D5A8   230,213,168   012,015,040,001

Naranja

FFE4A3   255,228,163   000,011,044,000
F29F05   242,159,005   002,043,096,000
F27405   242,116,005   000,064,097,000
D93D04   217,061,004   008,086,100,001
400101   064,001,001   051,095,074,075

Naranja

FFE4A3   255,228,163   000,011,044,000
F29F05   242,159,005   002,043,096,000
FF962C   255,150,044   000,050,084,000
EF7307   239,115,007   000,064,098,000
E64F07   230,079,007   002,079,100,000

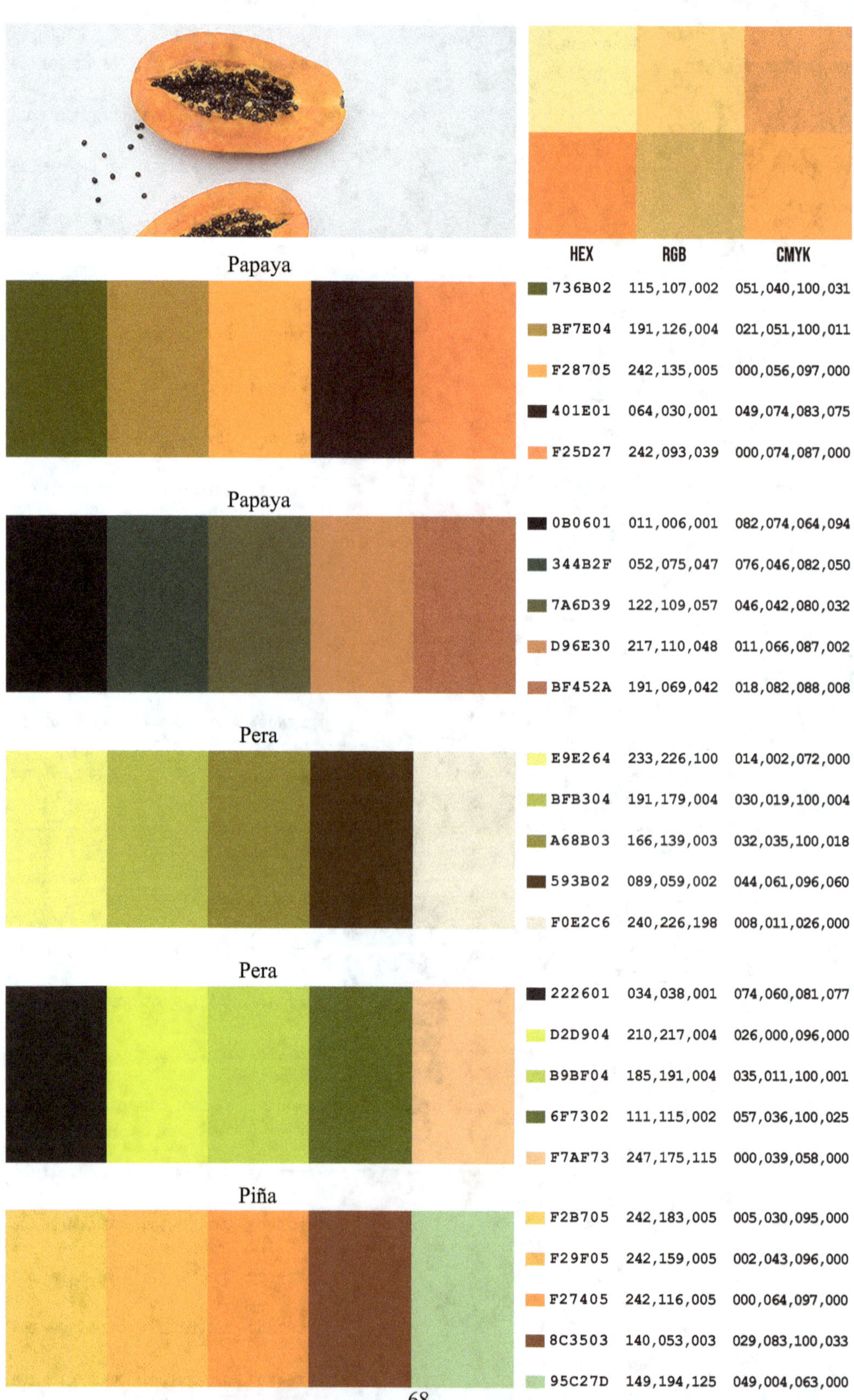

Papaya

HEX	RGB	CMYK
736B02	115,107,002	051,040,100,031
BF7E04	191,126,004	021,051,100,011
F28705	242,135,005	000,056,097,000
401E01	064,030,001	049,074,083,075
F25D27	242,093,039	000,074,087,000

Papaya

HEX	RGB	CMYK
0B0601	011,006,001	082,074,064,094
344B2F	052,075,047	076,046,082,050
7A6D39	122,109,057	046,042,080,032
D96E30	217,110,048	011,066,087,002
BF452A	191,069,042	018,082,088,008

Pera

HEX	RGB	CMYK
E9E264	233,226,100	014,002,072,000
BFB304	191,179,004	030,019,100,004
A68B03	166,139,003	032,035,100,018
593B02	089,059,002	044,061,096,060
F0E2C6	240,226,198	008,011,026,000

Pera

HEX	RGB	CMYK
222601	034,038,001	074,060,081,077
D2D904	210,217,004	026,000,096,000
B9BF04	185,191,004	035,011,100,001
6F7302	111,115,002	057,036,100,025
F7AF73	247,175,115	000,039,058,000

Piña

HEX	RGB	CMYK
F2B705	242,183,005	005,030,095,000
F29F05	242,159,005	002,043,096,000
F27405	242,116,005	000,064,097,000
8C3503	140,053,003	029,083,100,033
95C27D	149,194,125	049,004,063,000

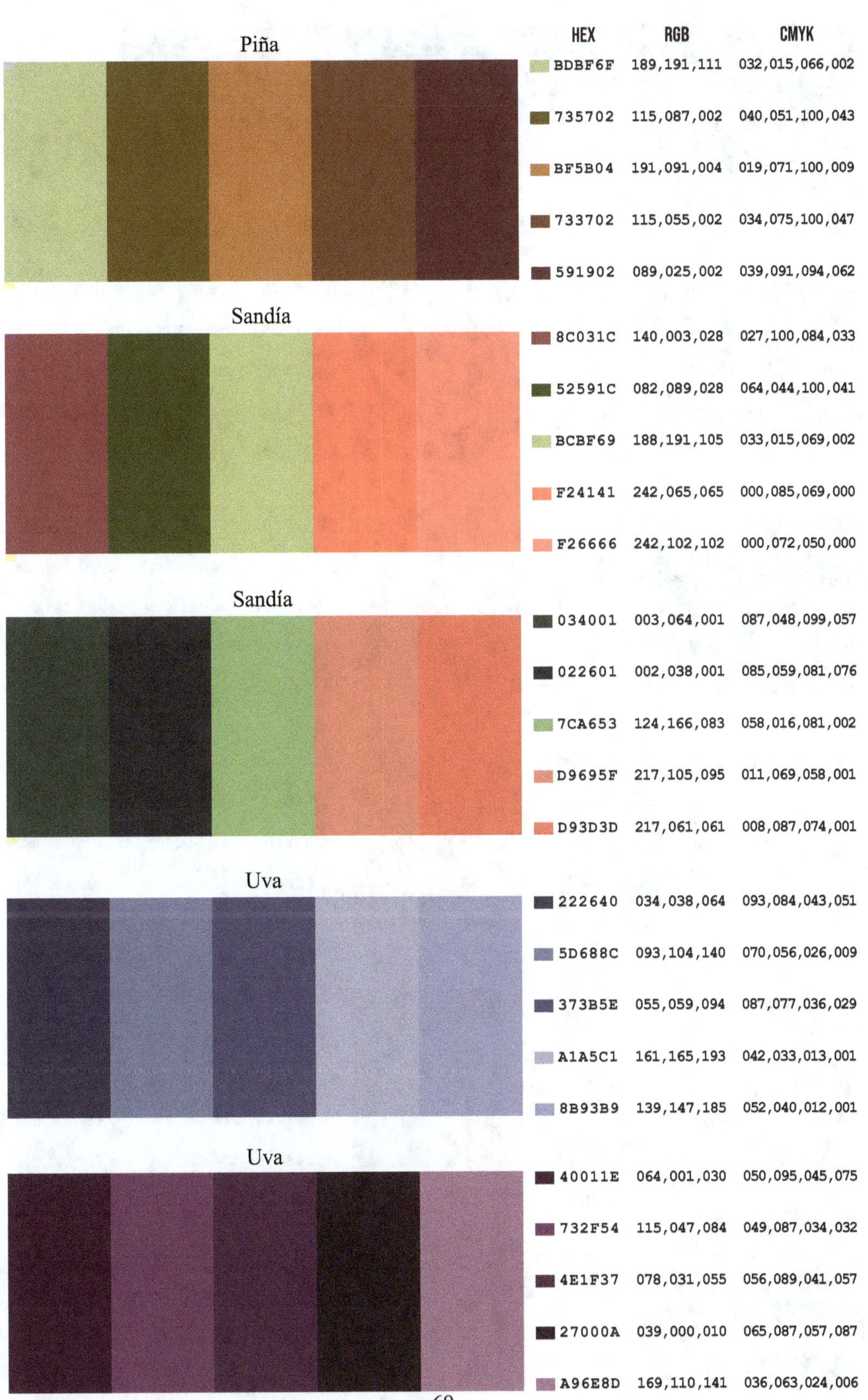

Piña

HEX   RGB   CMYK
BDBF6F   189,191,111   032,015,066,002
735702   115,087,002   040,051,100,043
BF5B04   191,091,004   019,071,100,009
733702   115,055,002   034,075,100,047
591902   089,025,002   039,091,094,062

Sandía

8C031C   140,003,028   027,100,084,033
52591C   082,089,028   064,044,100,041
BCBF69   188,191,105   033,015,069,002
F24141   242,065,065   000,085,069,000
F26666   242,102,102   000,072,050,000

Sandía

034001   003,064,001   087,048,099,057
022601   002,038,001   085,059,081,076
7CA653   124,166,083   058,016,081,002
D9695F   217,105,095   011,069,058,001
D93D3D   217,061,061   008,087,074,001

Uva

222640   034,038,064   093,084,043,051
5D688C   093,104,140   070,056,026,009
373B5E   055,059,094   087,077,036,029
A1A5C1   161,165,193   042,033,013,001
8B93B9   139,147,185   052,040,012,001

Uva

40011E   064,001,030   050,095,045,075
732F54   115,047,084   049,087,034,032
4E1F37   078,031,055   056,089,041,057
27000A   039,000,010   065,087,057,087
A96E8D   169,110,141   036,063,024,006

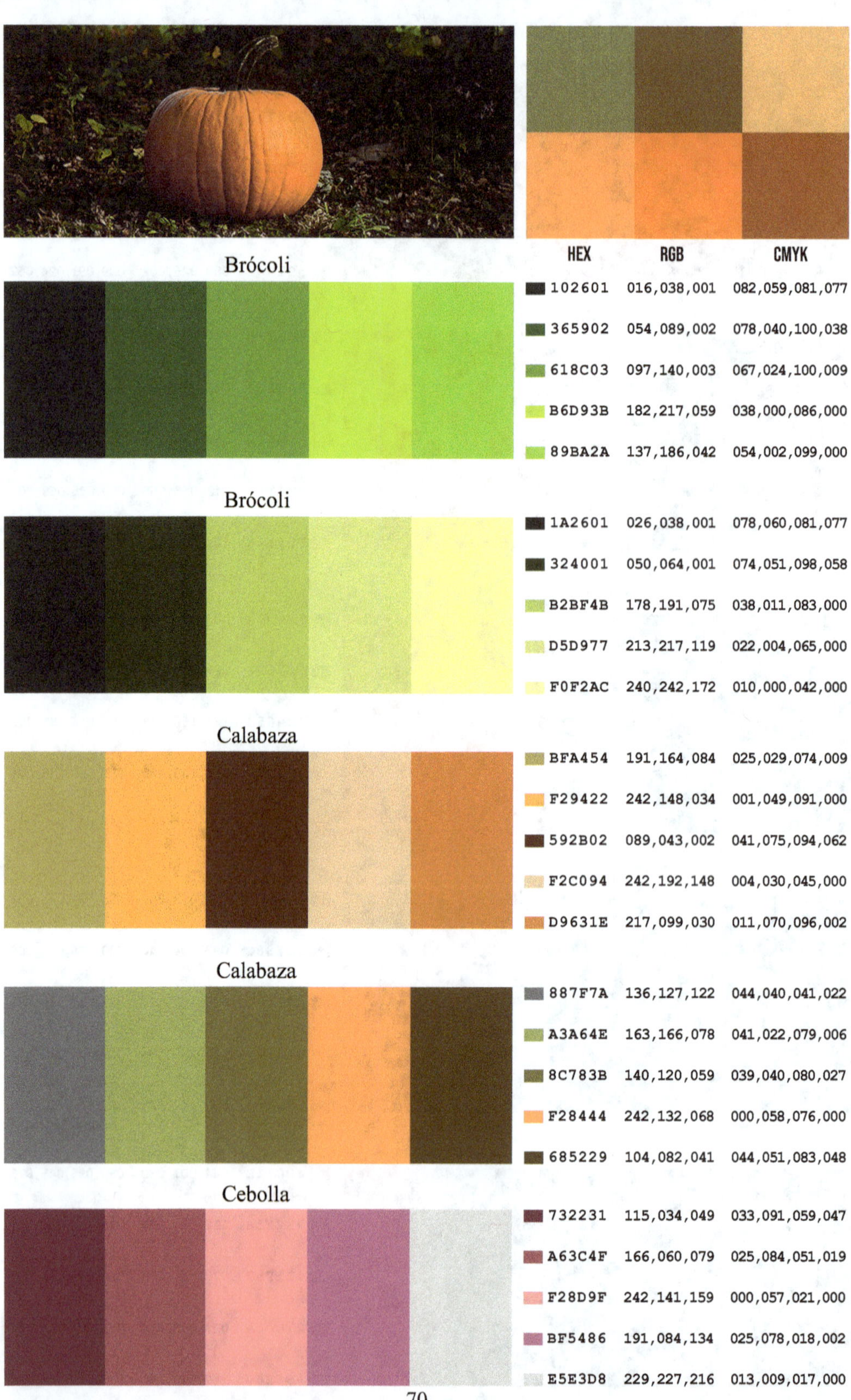

HEX	RGB	CMYK

Brócoli

	HEX	RGB	CMYK
	102601	016,038,001	082,059,081,077
	365902	054,089,002	078,040,100,038
	618C03	097,140,003	067,024,100,009
	B6D93B	182,217,059	038,000,086,000
	89BA2A	137,186,042	054,002,099,000

Brócoli

	HEX	RGB	CMYK
	1A2601	026,038,001	078,060,081,077
	324001	050,064,001	074,051,098,058
	B2BF4B	178,191,075	038,011,083,000
	D5D977	213,217,119	022,004,065,000
	F0F2AC	240,242,172	010,000,042,000

Calabaza

	HEX	RGB	CMYK
	BFA454	191,164,084	025,029,074,009
	F29422	242,148,034	001,049,091,000
	592B02	089,043,002	041,075,094,062
	F2C094	242,192,148	004,030,045,000
	D9631E	217,099,030	011,070,096,002

Calabaza

	HEX	RGB	CMYK
	887F7A	136,127,122	044,040,041,022
	A3A64E	163,166,078	041,022,079,006
	8C783B	140,120,059	039,040,080,027
	F28444	242,132,068	000,058,076,000
	685229	104,082,041	044,051,083,048

Cebolla

	HEX	RGB	CMYK
	732231	115,034,049	033,091,059,047
	A63C4F	166,060,079	025,084,051,019
	F28D9F	242,141,159	000,057,021,000
	BF5486	191,084,134	025,078,018,002
	E5E3D8	229,227,216	013,009,017,000

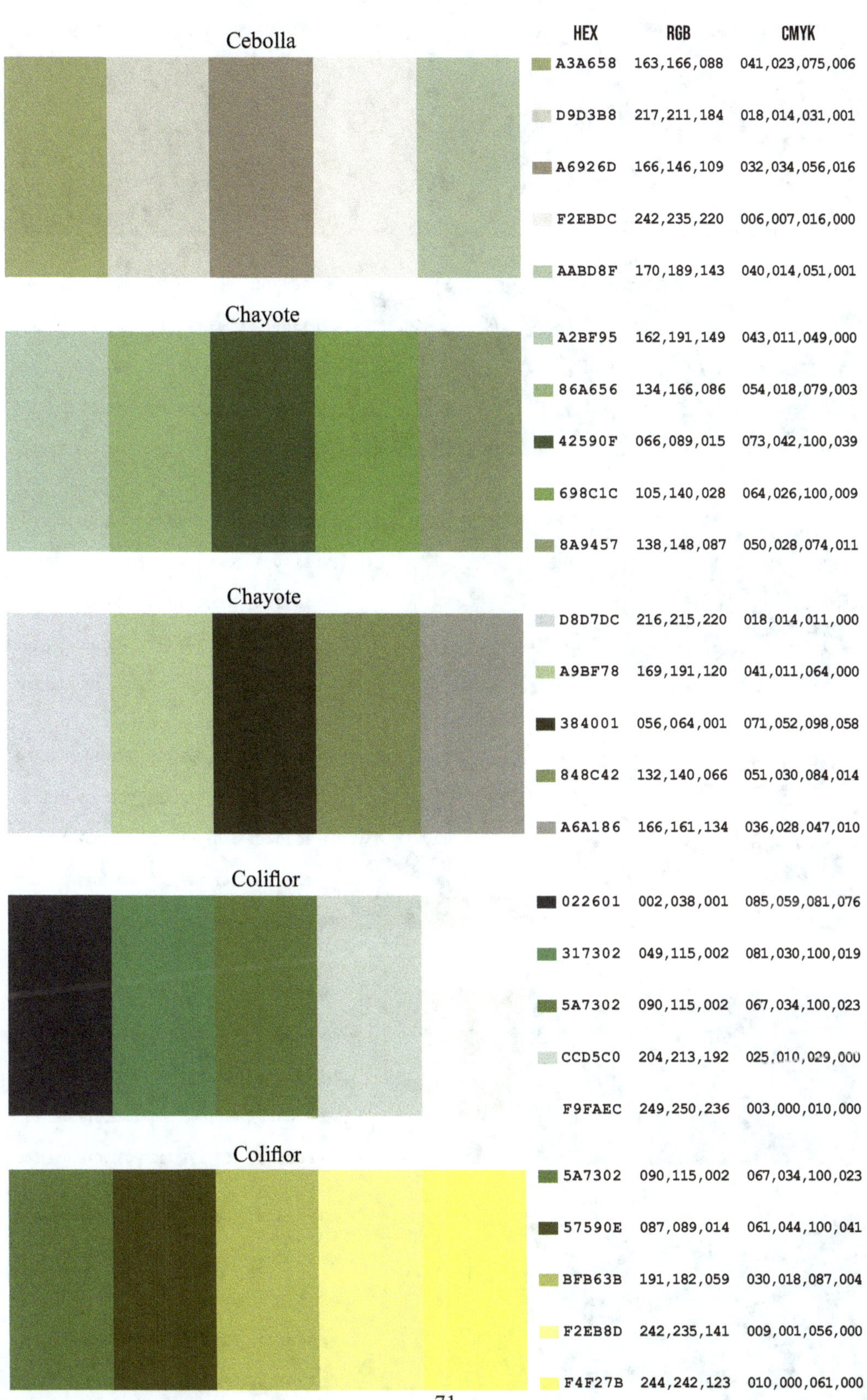

Cebolla

	HEX	RGB	CMYK
	A3A658	163,166,088	041,023,075,006
	D9D3B8	217,211,184	018,014,031,001
	A6926D	166,146,109	032,034,056,016
	F2EBDC	242,235,220	006,007,016,000
	AABD8F	170,189,143	040,014,051,001

Chayote

	HEX	RGB	CMYK
	A2BF95	162,191,149	043,011,049,000
	86A656	134,166,086	054,018,079,003
	42590F	066,089,015	073,042,100,039
	698C1C	105,140,028	064,026,100,009
	8A9457	138,148,087	050,028,074,011

Chayote

	HEX	RGB	CMYK
	D8D7DC	216,215,220	018,014,011,000
	A9BF78	169,191,120	041,011,064,000
	384001	056,064,001	071,052,098,058
	848C42	132,140,066	051,030,084,014
	A6A186	166,161,134	036,028,047,010

Coliflor

	HEX	RGB	CMYK
	022601	002,038,001	085,059,081,076
	317302	049,115,002	081,030,100,019
	5A7302	090,115,002	067,034,100,023
	CCD5C0	204,213,192	025,010,029,000
	F9FAEC	249,250,236	003,000,010,000

Coliflor

	HEX	RGB	CMYK
	5A7302	090,115,002	067,034,100,023
	57590E	087,089,014	061,044,100,041
	BFB63B	191,182,059	030,018,087,004
	F2EB8D	242,235,141	009,001,056,000
	F4F27B	244,242,123	010,000,061,000

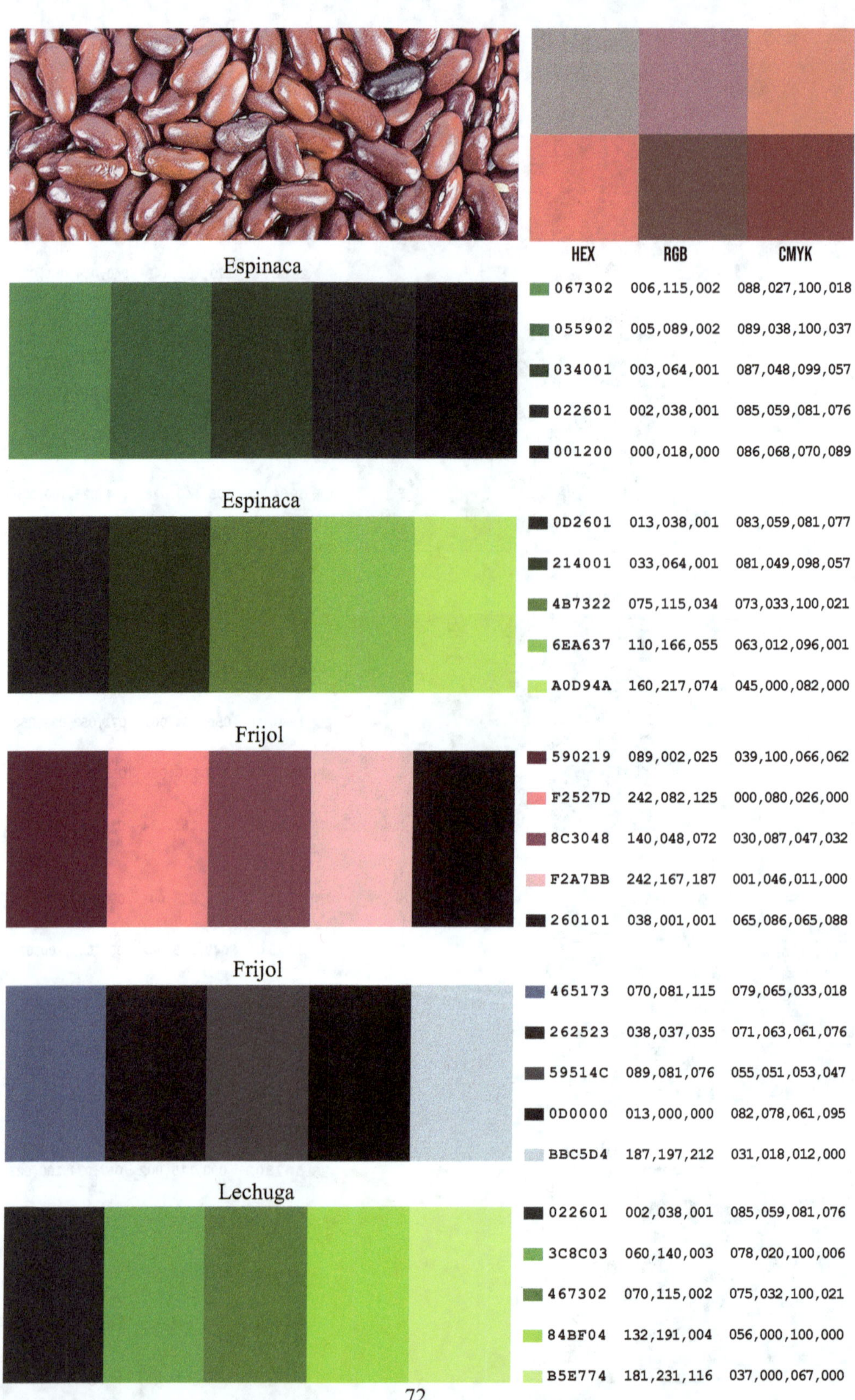

Espinaca

HEX	RGB	CMYK
067302	006,115,002	088,027,100,018
055902	005,089,002	089,038,100,037
034001	003,064,001	087,048,099,057
022601	002,038,001	085,059,081,076
001200	000,018,000	086,068,070,089

Espinaca

HEX	RGB	CMYK
0D2601	013,038,001	083,059,081,077
214001	033,064,001	081,049,098,057
4B7322	075,115,034	073,033,100,021
6EA637	110,166,055	063,012,096,001
A0D94A	160,217,074	045,000,082,000

Frijol

HEX	RGB	CMYK
590219	089,002,025	039,100,066,062
F2527D	242,082,125	000,080,026,000
8C3048	140,048,072	030,087,047,032
F2A7BB	242,167,187	001,046,011,000
260101	038,001,001	065,086,065,088

Frijol

HEX	RGB	CMYK
465173	070,081,115	079,065,033,018
262523	038,037,035	071,063,061,076
59514C	089,081,076	055,051,053,047
0D0000	013,000,000	082,078,061,095
BBC5D4	187,197,212	031,018,012,000

Lechuga

HEX	RGB	CMYK
022601	002,038,001	085,059,081,076
3C8C03	060,140,003	078,020,100,006
467302	070,115,002	075,032,100,021
84BF04	132,191,004	056,000,100,000
B5E774	181,231,116	037,000,067,000

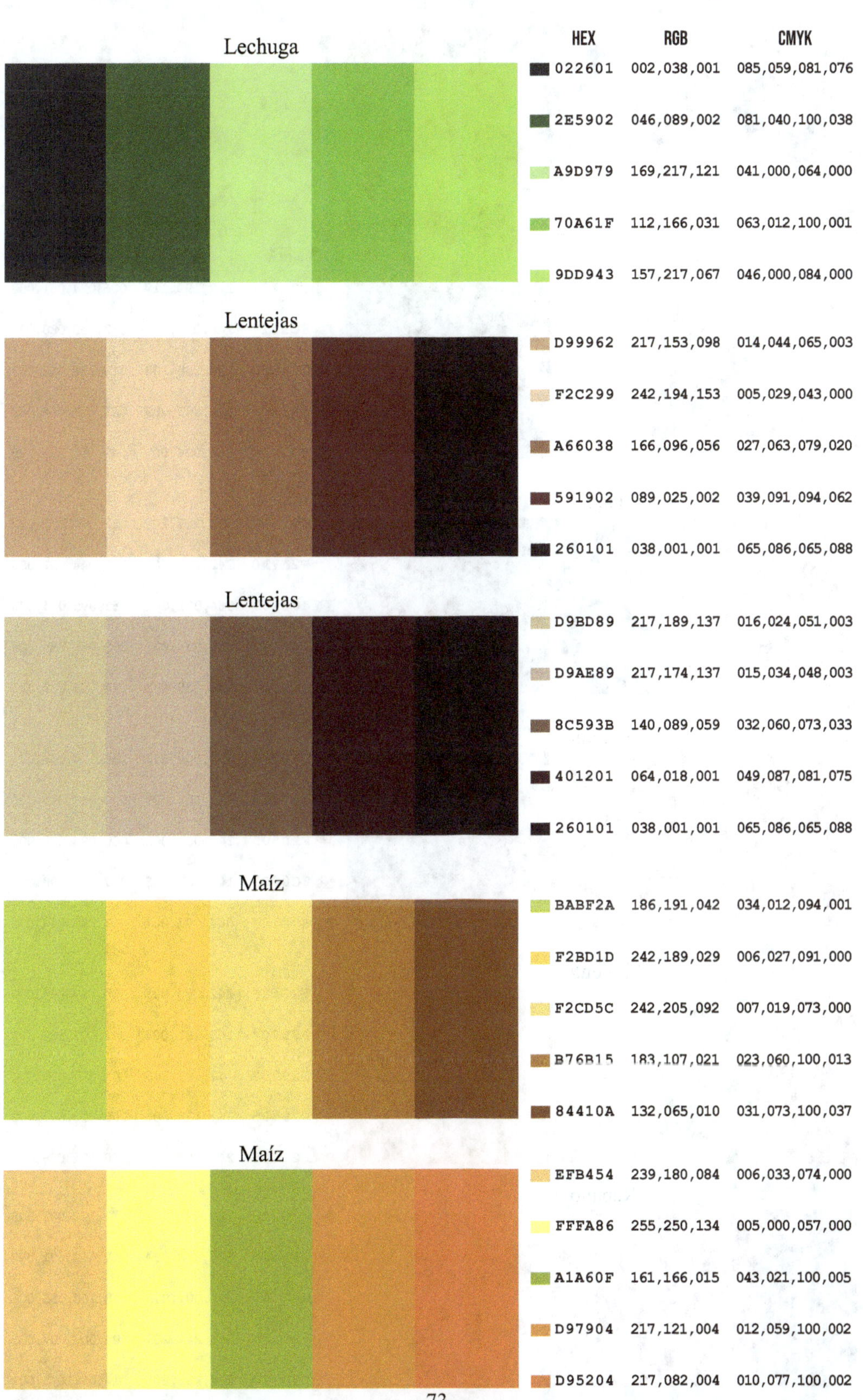

Lechuga

HEX	RGB	CMYK
022601	002,038,001	085,059,081,076
2E5902	046,089,002	081,040,100,038
A9D979	169,217,121	041,000,064,000
70A61F	112,166,031	063,012,100,001
9DD943	157,217,067	046,000,084,000

Lentejas

HEX	RGB	CMYK
D99962	217,153,098	014,044,065,003
F2C299	242,194,153	005,029,043,000
A66038	166,096,056	027,063,079,020
591902	089,025,002	039,091,094,062
260101	038,001,001	065,086,065,088

Lentejas

HEX	RGB	CMYK
D9BD89	217,189,137	016,024,051,003
D9AE89	217,174,137	015,034,048,003
8C593B	140,089,059	032,060,073,033
401201	064,018,001	049,087,081,075
260101	038,001,001	065,086,065,088

Maíz

HEX	RGB	CMYK
BABF2A	186,191,042	034,012,094,001
F2BD1D	242,189,029	006,027,091,000
F2CD5C	242,205,092	007,019,073,000
B76B15	183,107,021	023,060,100,013
84410A	132,065,010	031,073,100,037

Maíz

HEX	RGB	CMYK
EFB454	239,180,084	006,033,074,000
FFFA86	255,250,134	005,000,057,000
A1A60F	161,166,015	043,021,100,005
D97904	217,121,004	012,059,100,002
D95204	217,082,004	010,077,100,002

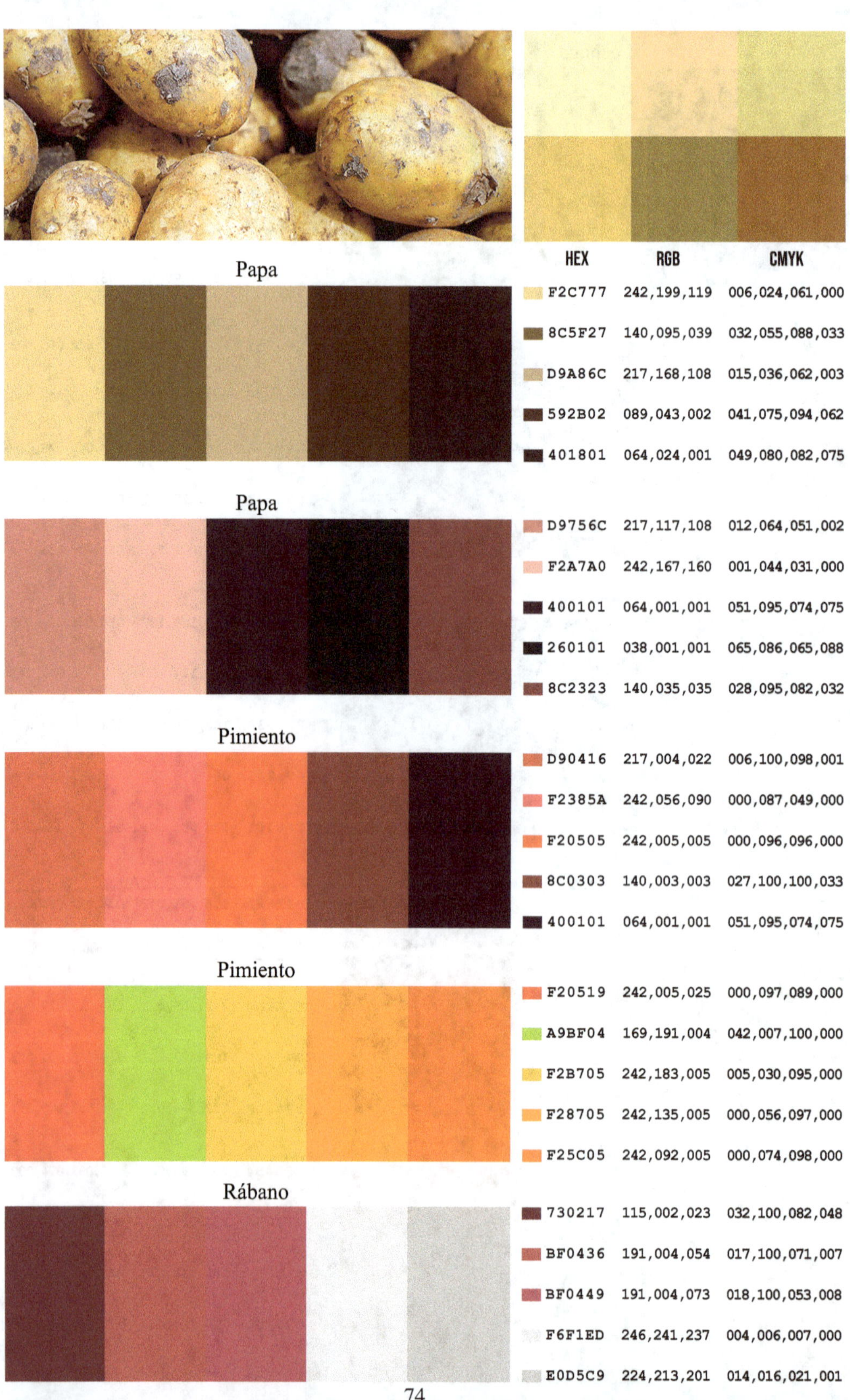

Papa

	HEX	RGB	CMYK
	F2C777	242,199,119	006,024,061,000
	8C5F27	140,095,039	032,055,088,033
	D9A86C	217,168,108	015,036,062,003
	592B02	089,043,002	041,075,094,062
	401801	064,024,001	049,080,082,075

Papa

	HEX	RGB	CMYK
	D9756C	217,117,108	012,064,051,002
	F2A7A0	242,167,160	001,044,031,000
	400101	064,001,001	051,095,074,075
	260101	038,001,001	065,086,065,088
	8C2323	140,035,035	028,095,082,032

Pimiento

	HEX	RGB	CMYK
	D90416	217,004,022	006,100,098,001
	F2385A	242,056,090	000,087,049,000
	F20505	242,005,005	000,096,096,000
	8C0303	140,003,003	027,100,100,033
	400101	064,001,001	051,095,074,075

Pimiento

	HEX	RGB	CMYK
	F20519	242,005,025	000,097,089,000
	A9BF04	169,191,004	042,007,100,000
	F2B705	242,183,005	005,030,095,000
	F28705	242,135,005	000,056,097,000
	F25C05	242,092,005	000,074,098,000

Rábano

	HEX	RGB	CMYK
	730217	115,002,023	032,100,082,048
	BF0436	191,004,054	017,100,071,007
	BF0449	191,004,073	018,100,053,008
	F6F1ED	246,241,237	004,006,007,000
	E0D5C9	224,213,201	014,016,021,001

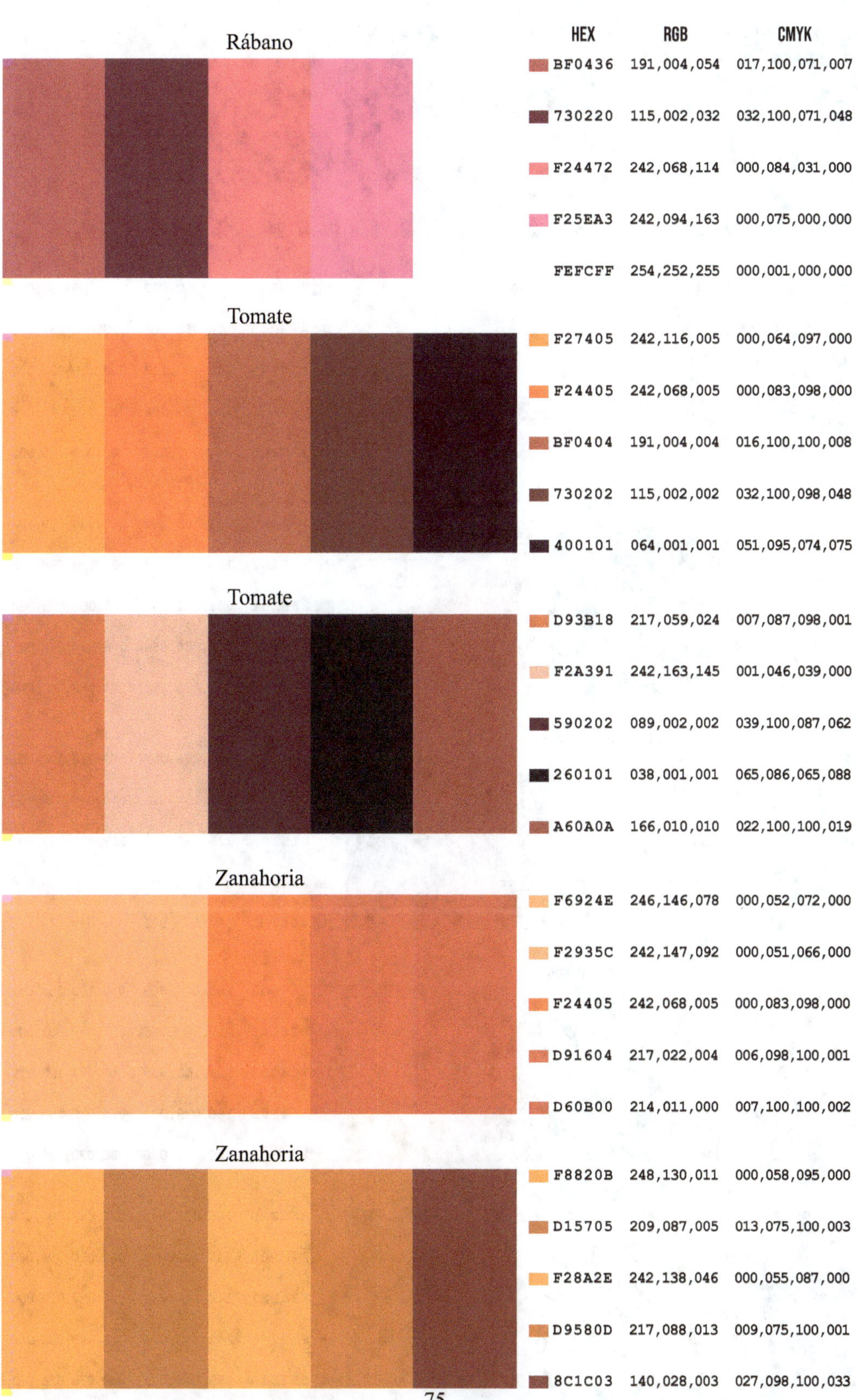

Rábano

HEX   RGB   CMYK
BF0436   191,004,054   017,100,071,007
730220   115,002,032   032,100,071,048
F24472   242,068,114   000,084,031,000
F25EA3   242,094,163   000,075,000,000
FEFCFF   254,252,255   000,001,000,000

Tomate
F27405   242,116,005   000,064,097,000
F24405   242,068,005   000,083,098,000
BF0404   191,004,004   016,100,100,008
730202   115,002,002   032,100,098,048
400101   064,001,001   051,095,074,075

Tomate
D93B18   217,059,024   007,087,098,001
F2A391   242,163,145   001,046,039,000
590202   089,002,002   039,100,087,062
260101   038,001,001   065,086,065,088
A60A0A   166,010,010   022,100,100,019

Zanahoria
F6924E   246,146,078   000,052,072,000
F2935C   242,147,092   000,051,066,000
F24405   242,068,005   000,083,098,000
D91604   217,022,004   006,098,100,001
D60B00   214,011,000   007,100,100,002

Zanahoria
F8820B   248,130,011   000,058,095,000
D15705   209,087,005   013,075,100,003
F28A2E   242,138,046   000,055,087,000
D9580D   217,088,013   009,075,100,001
8C1C03   140,028,003   027,098,100,033

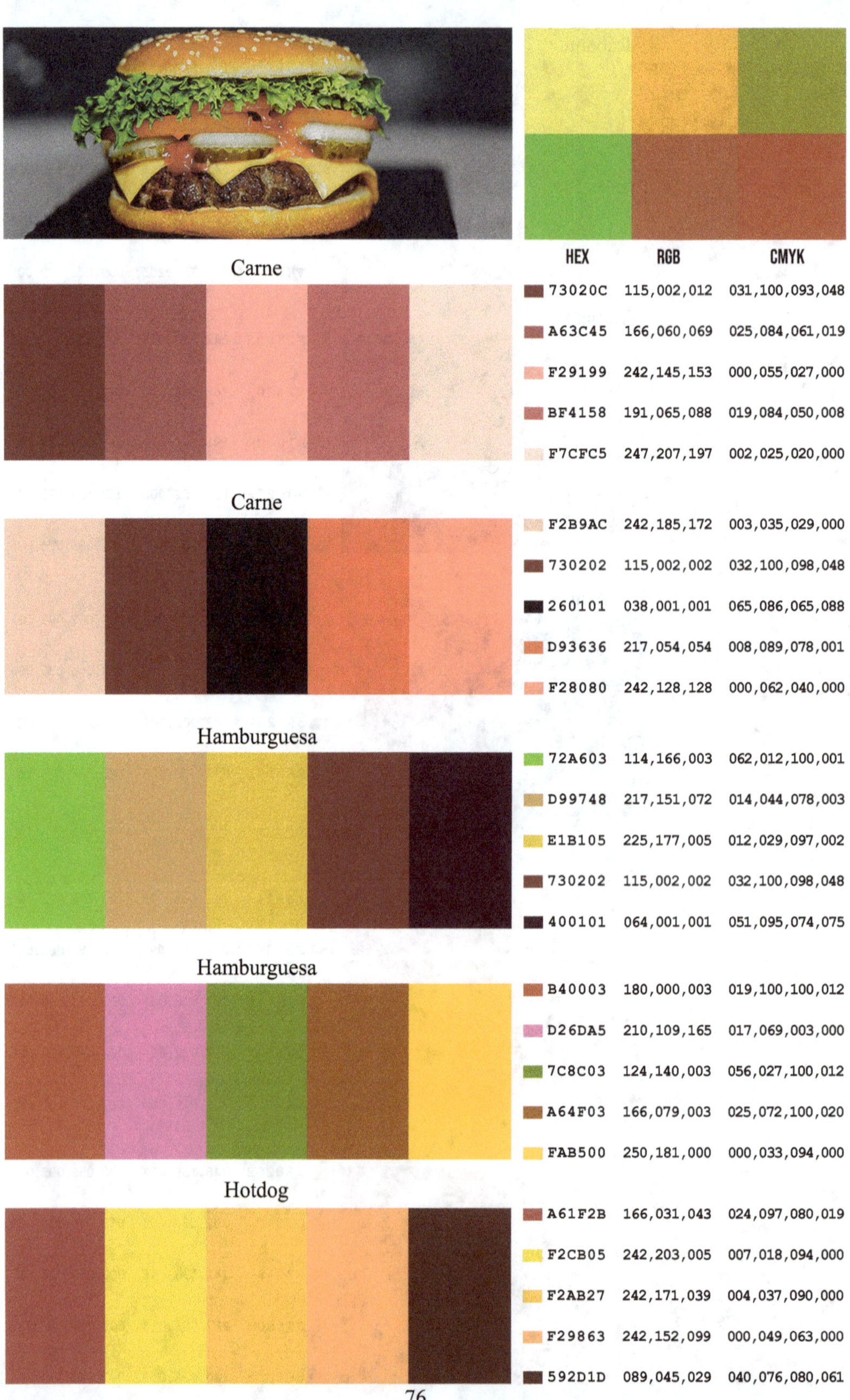

Carne

HEX	RGB	CMYK
73020C	115,002,012	031,100,093,048
A63C45	166,060,069	025,084,061,019
F29199	242,145,153	000,055,027,000
BF4158	191,065,088	019,084,050,008
F7CFC5	247,207,197	002,025,020,000

Carne

HEX	RGB	CMYK
F2B9AC	242,185,172	003,035,029,000
730202	115,002,002	032,100,098,048
260101	038,001,001	065,086,065,088
D93636	217,054,054	008,089,078,001
F28080	242,128,128	000,062,040,000

Hamburguesa

HEX	RGB	CMYK
72A603	114,166,003	062,012,100,001
D99748	217,151,072	014,044,078,003
E1B105	225,177,005	012,029,097,002
730202	115,002,002	032,100,098,048
400101	064,001,001	051,095,074,075

Hamburguesa

HEX	RGB	CMYK
B40003	180,000,003	019,100,100,012
D26DA5	210,109,165	017,069,003,000
7C8C03	124,140,003	056,027,100,012
A64F03	166,079,003	025,072,100,020
FAB500	250,181,000	000,033,094,000

Hotdog

HEX	RGB	CMYK
A61F2B	166,031,043	024,097,080,019
F2CB05	242,203,005	007,018,094,000
F2AB27	242,171,039	004,037,090,000
F29863	242,152,099	000,049,063,000
592D1D	089,045,029	040,076,080,061

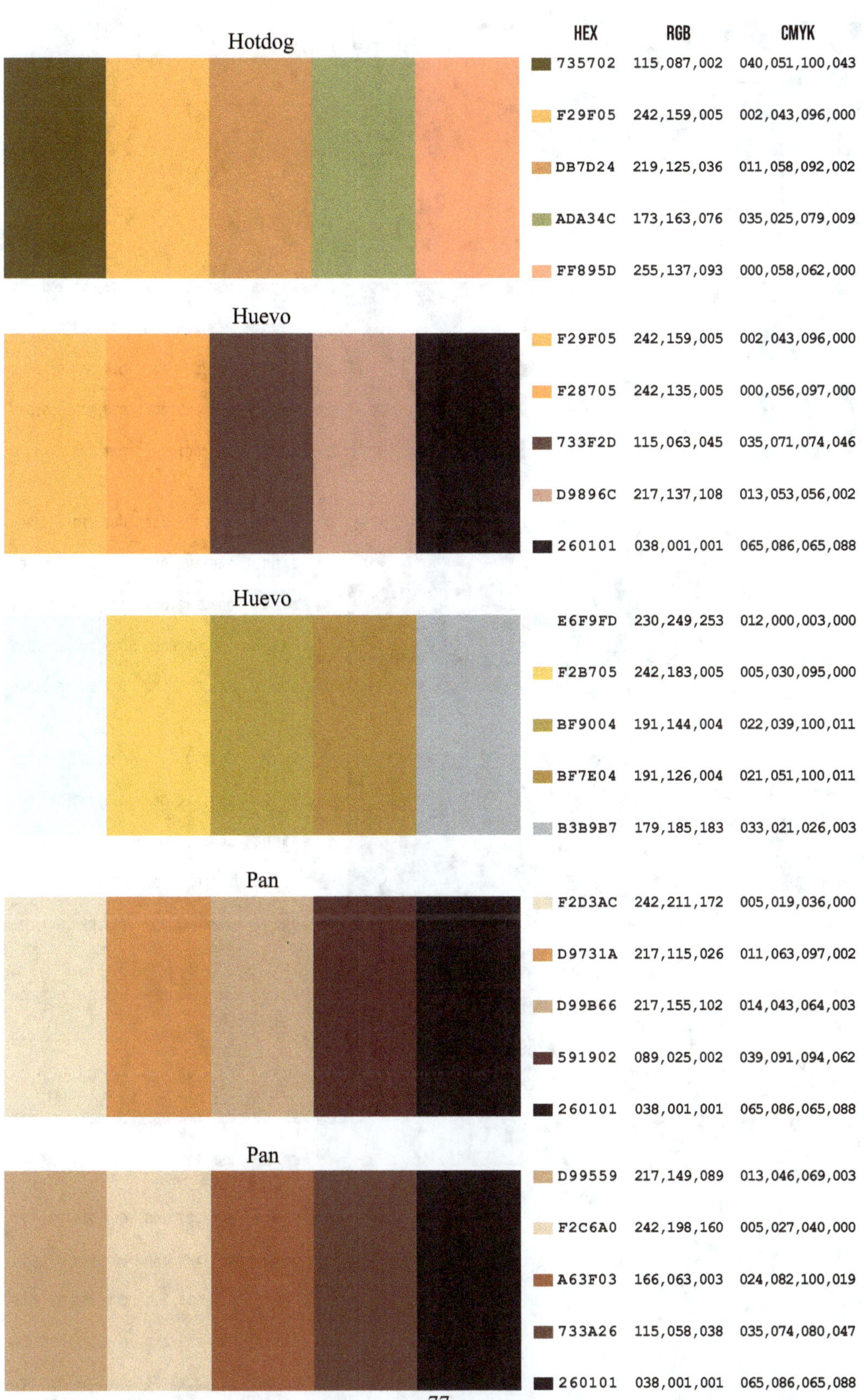

Hotgog

	HEX	RGB	CMYK
	735702	115,087,002	040,051,100,043
	F29F05	242,159,005	002,043,096,000
	DB7D24	219,125,036	011,058,092,002
	ADA34C	173,163,076	035,025,079,009
	FF895D	255,137,093	000,058,062,000

Huevo

	HEX	RGB	CMYK
	F29F05	242,159,005	002,043,096,000
	F28705	242,135,005	000,056,097,000
	733F2D	115,063,045	035,071,074,046
	D9896C	217,137,108	013,053,056,002
	260101	038,001,001	065,086,065,088

Huevo

	HEX	RGB	CMYK
	E6F9FD	230,249,253	012,000,003,000
	F2B705	242,183,005	005,030,095,000
	BF9004	191,144,004	022,039,100,011
	BF7E04	191,126,004	021,051,100,011
	B3B9B7	179,185,183	033,021,026,003

Pan

	HEX	RGB	CMYK
	F2D3AC	242,211,172	005,019,036,000
	D9731A	217,115,026	011,063,097,002
	D99B66	217,155,102	014,043,064,003
	591902	089,025,002	039,091,094,062
	260101	038,001,001	065,086,065,088

Pan

	HEX	RGB	CMYK
	D99559	217,149,089	013,046,069,003
	F2C6A0	242,198,160	005,027,040,000
	A63F03	166,063,003	024,082,100,019
	733A26	115,058,038	035,074,080,047
	260101	038,001,001	065,086,065,088

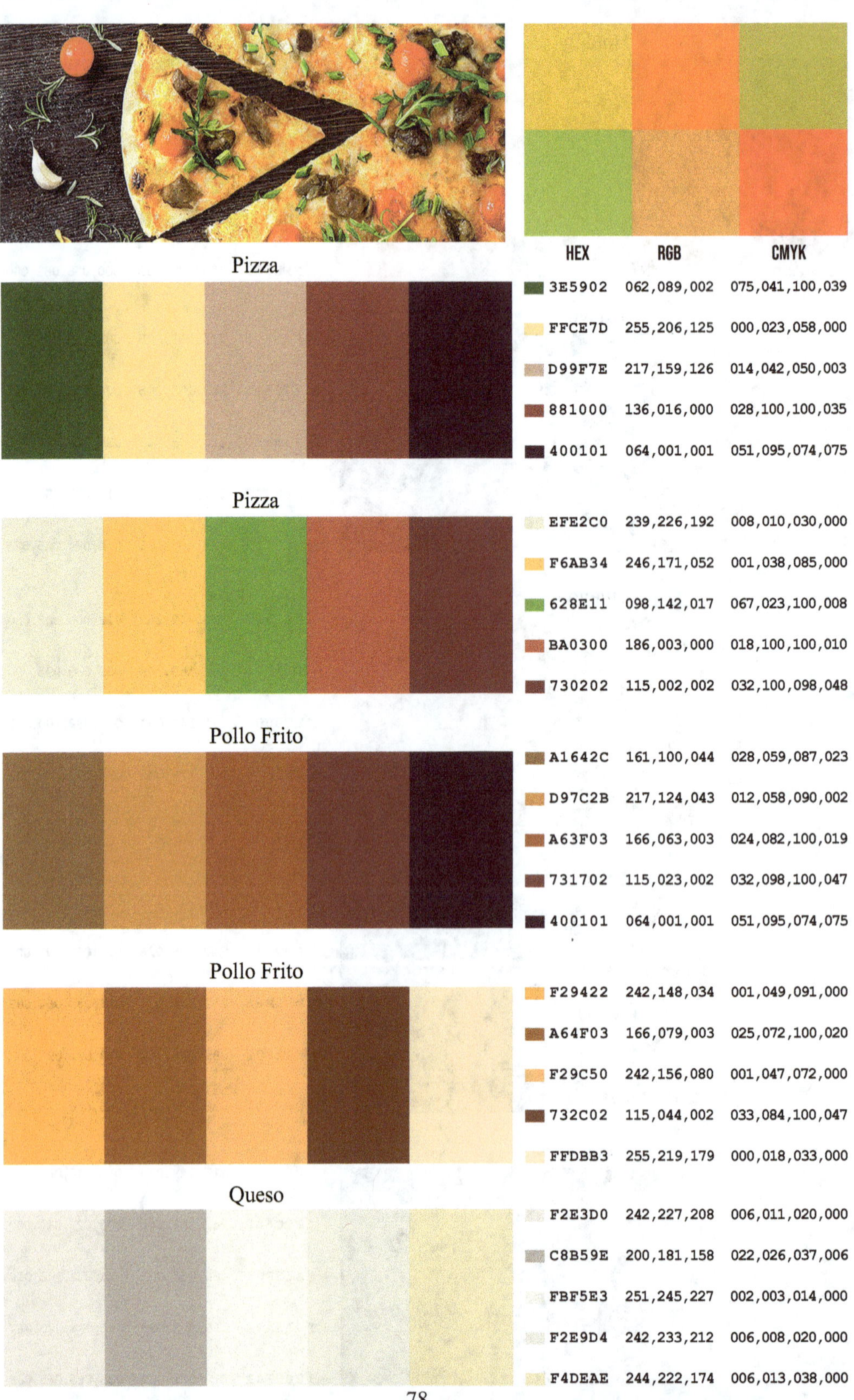

Pizza

Pizza

Pollo Frito

Pollo Frito

Queso

HEX
RGB
CMYK

3E5902	062,089,002	075,041,100,039
FFCE7D	255,206,125	000,023,058,000
D99F7E	217,159,126	014,042,050,003
881000	136,016,000	028,100,100,035
400101	064,001,001	051,095,074,075

EFE2C0	239,226,192	008,010,030,000
F6AB34	246,171,052	001,038,085,000
628E11	098,142,017	067,023,100,008
BA0300	186,003,000	018,100,100,010
730202	115,002,002	032,100,098,048

A1642C	161,100,044	028,059,087,023
D97C2B	217,124,043	012,058,090,002
A63F03	166,063,003	024,082,100,019
731702	115,023,002	032,098,100,047
400101	064,001,001	051,095,074,075

F29422	242,148,034	001,049,091,000
A64F03	166,079,003	025,072,100,020
F29C50	242,156,080	001,047,072,000
732C02	115,044,002	033,084,100,047
FFDBB3	255,219,179	000,018,033,000

F2E3D0	242,227,208	006,011,020,000
C8B59E	200,181,158	022,026,037,006
FBF5E3	251,245,227	002,003,014,000
F2E9D4	242,233,212	006,008,020,000
F4DEAE	244,222,174	006,013,038,000

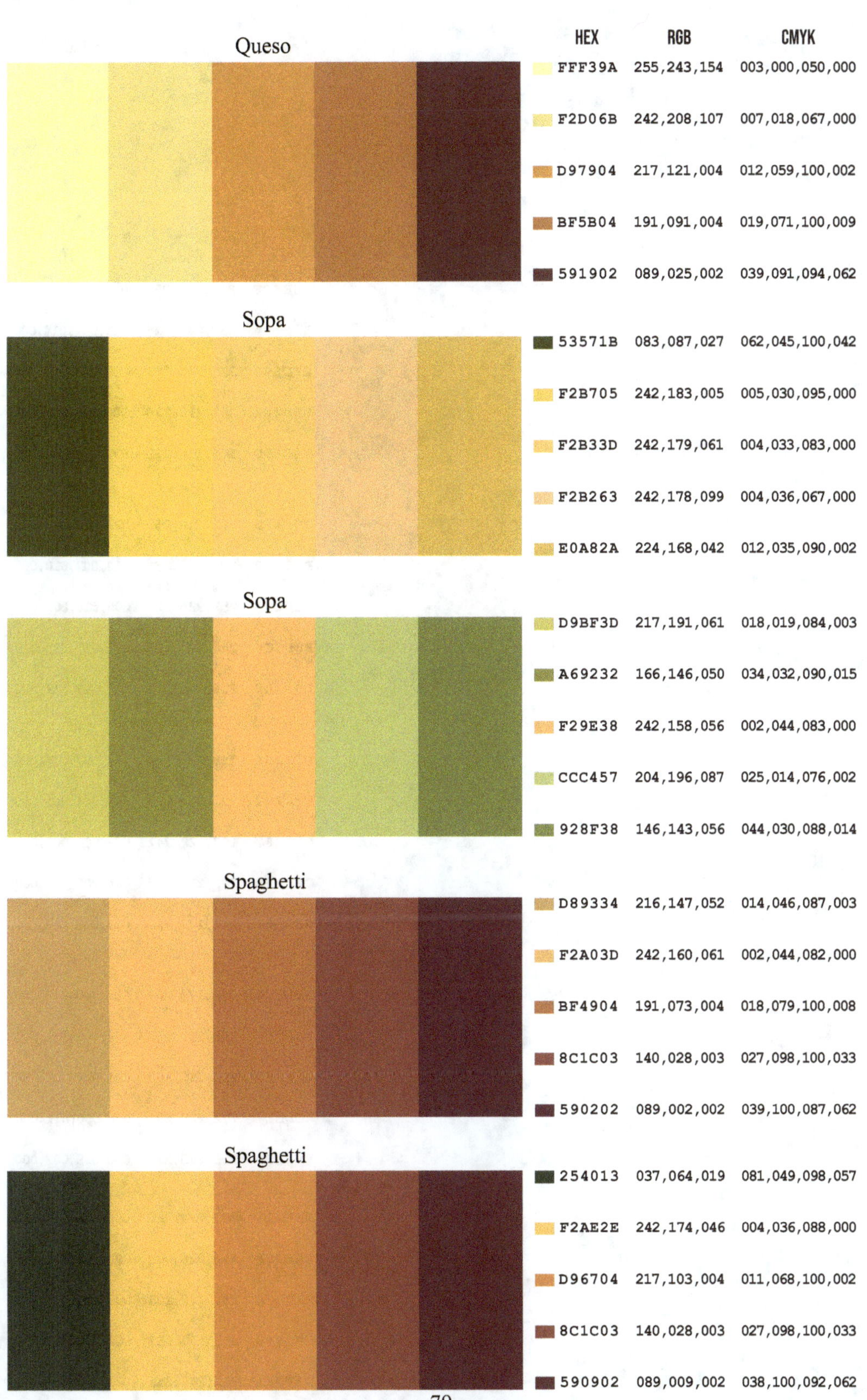

Queso

HEX   RGB   CMYK
FFF39A   255,243,154   003,000,050,000
F2D06B   242,208,107   007,018,067,000
D97904   217,121,004   012,059,100,002
BF5B04   191,091,004   019,071,100,009
591902   089,025,002   039,091,094,062

Sopa

53571B   083,087,027   062,045,100,042
F2B705   242,183,005   005,030,095,000
F2B33D   242,179,061   004,033,083,000
F2B263   242,178,099   004,036,067,000
E0A82A   224,168,042   012,035,090,002

Sopa

D9BF3D   217,191,061   018,019,084,003
A69232   166,146,050   034,032,090,015
F29E38   242,158,056   002,044,083,000
CCC457   204,196,087   025,014,076,002
928F38   146,143,056   044,030,088,014

Spaghetti

D89334   216,147,052   014,046,087,003
F2A03D   242,160,061   002,044,082,000
BF4904   191,073,004   018,079,100,008
8C1C03   140,028,003   027,098,100,033
590202   089,002,002   039,100,087,062

Spaghetti

254013   037,064,019   081,049,098,057
F2AE2E   242,174,046   004,036,088,000
D96704   217,103,004   011,068,100,002
8C1C03   140,028,003   027,098,100,033
590902   089,009,002   038,100,092,062

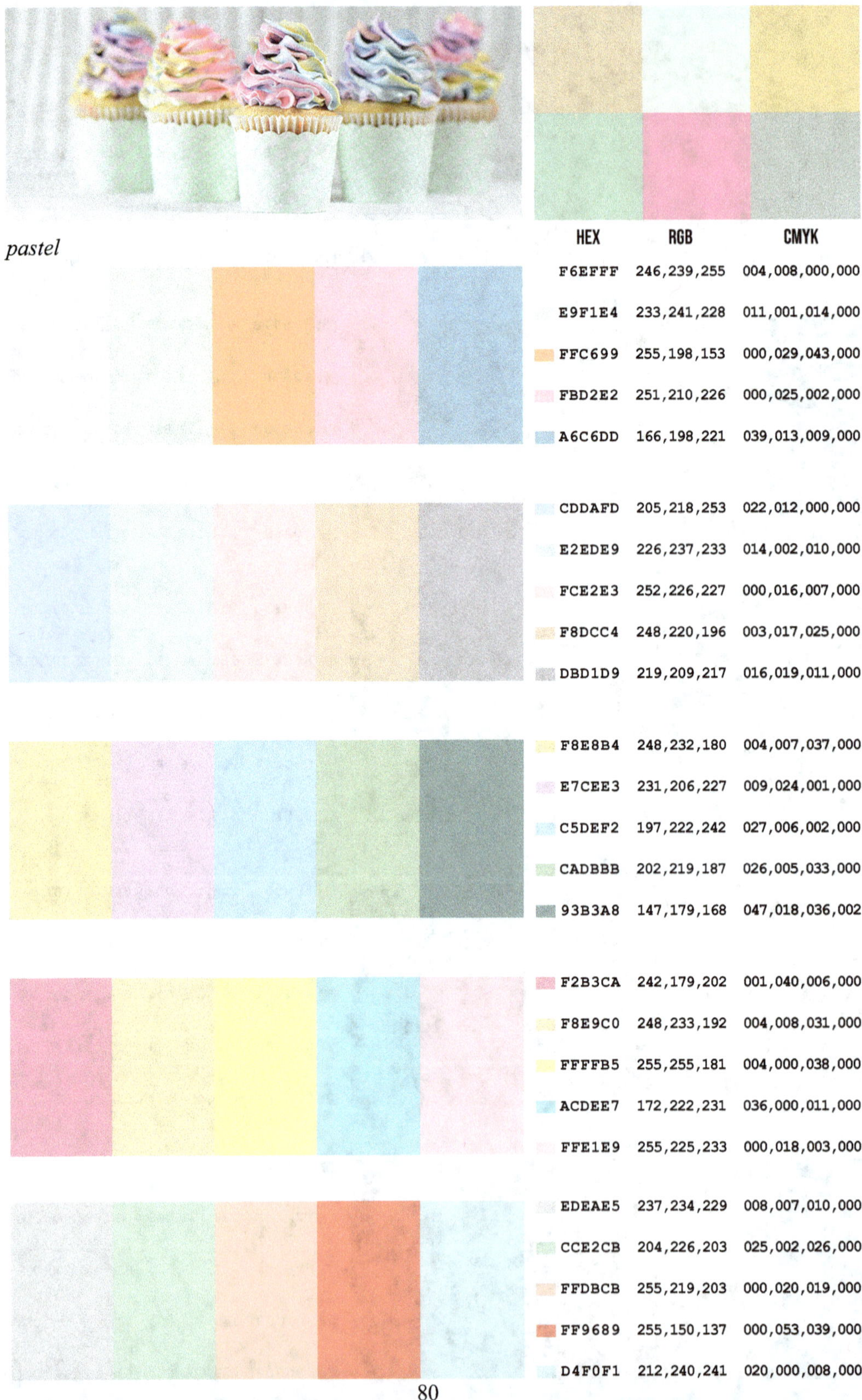

pastel

HEX	RGB	CMYK
F6EFFF	246,239,255	004,008,000,000
E9F1E4	233,241,228	011,001,014,000
FFC699	255,198,153	000,029,043,000
FBD2E2	251,210,226	000,025,002,000
A6C6DD	166,198,221	039,013,009,000
CDDAFD	205,218,253	022,012,000,000
E2EDE9	226,237,233	014,002,010,000
FCE2E3	252,226,227	000,016,007,000
F8DCC4	248,220,196	003,017,025,000
DBD1D9	219,209,217	016,019,011,000
F8E8B4	248,232,180	004,007,037,000
E7CEE3	231,206,227	009,024,001,000
C5DEF2	197,222,242	027,006,002,000
CADBBB	202,219,187	026,005,033,000
93B3A8	147,179,168	047,018,036,002
F2B3CA	242,179,202	001,040,006,000
F8E9C0	248,233,192	004,008,031,000
FFFFB5	255,255,181	004,000,038,000
ACDEE7	172,222,231	036,000,011,000
FFE1E9	255,225,233	000,018,003,000
EDEAE5	237,234,229	008,007,010,000
CCE2CB	204,226,203	025,002,026,000
FFDBCB	255,219,203	000,020,019,000
FF9689	255,150,137	000,053,039,000
D4F0F1	212,240,241	020,000,008,000

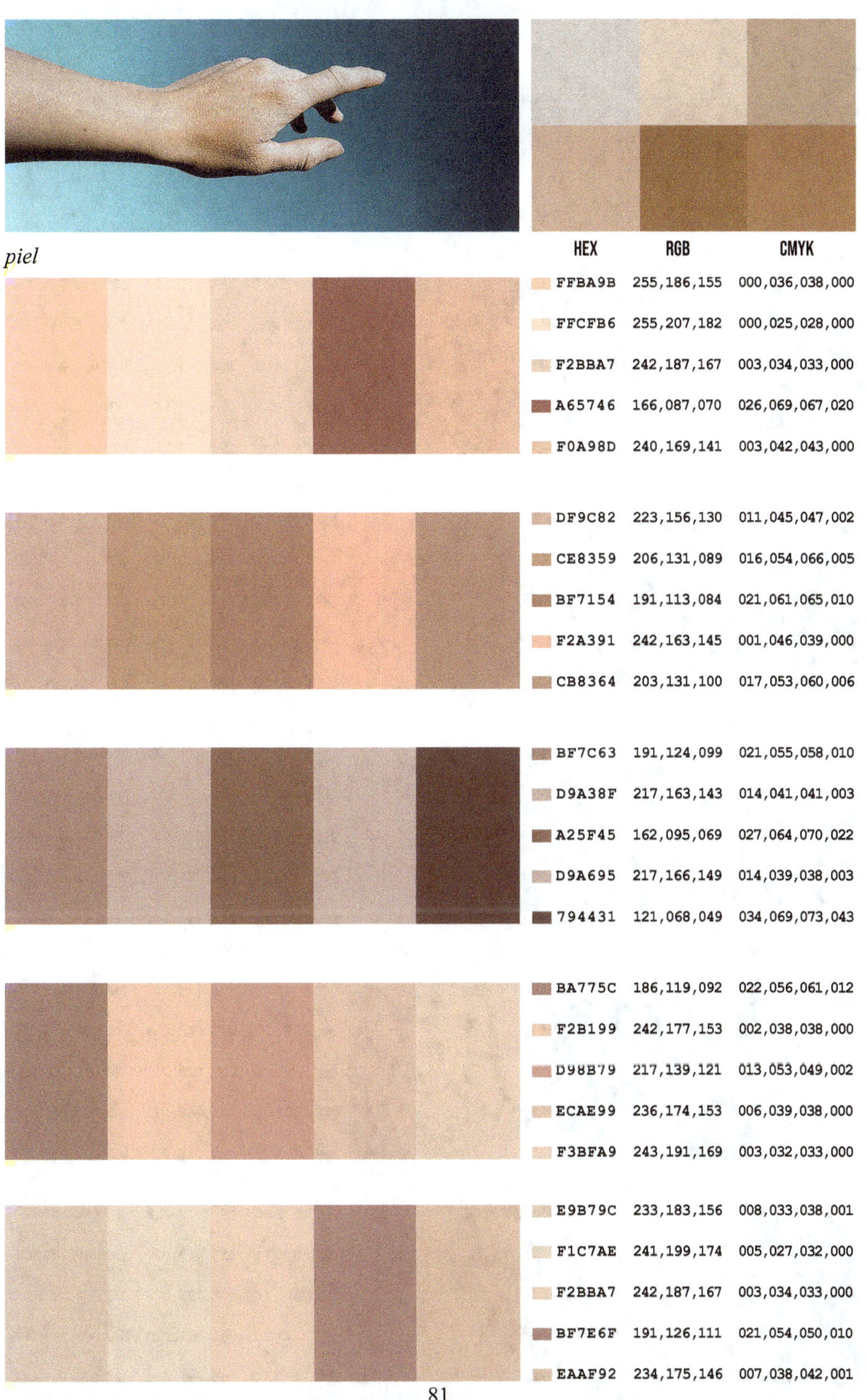

HEX	RGB	CMYK
FFBA9B	255,186,155	000,036,038,000
FFCFB6	255,207,182	000,025,028,000
F2BBA7	242,187,167	003,034,033,000
A65746	166,087,070	026,069,067,020
F0A98D	240,169,141	003,042,043,000
DF9C82	223,156,130	011,045,047,002
CE8359	206,131,089	016,054,066,005
BF7154	191,113,084	021,061,065,010
F2A391	242,163,145	001,046,039,000
CB8364	203,131,100	017,053,060,006
BF7C63	191,124,099	021,055,058,010
D9A38F	217,163,143	014,041,041,003
A25F45	162,095,069	027,064,070,022
D9A695	217,166,149	014,039,038,003
794431	121,068,049	034,069,073,043
BA775C	186,119,092	022,056,061,012
F2B199	242,177,153	002,038,038,000
D98B79	217,139,121	013,053,049,002
ECAE99	236,174,153	006,039,038,000
F3BFA9	243,191,169	003,032,033,000
E9B79C	233,183,156	008,033,038,001
F1C7AE	241,199,174	005,027,032,000
F2BBA7	242,187,167	003,034,033,000
BF7E6F	191,126,111	021,054,050,010
EAAF92	234,175,146	007,038,042,001

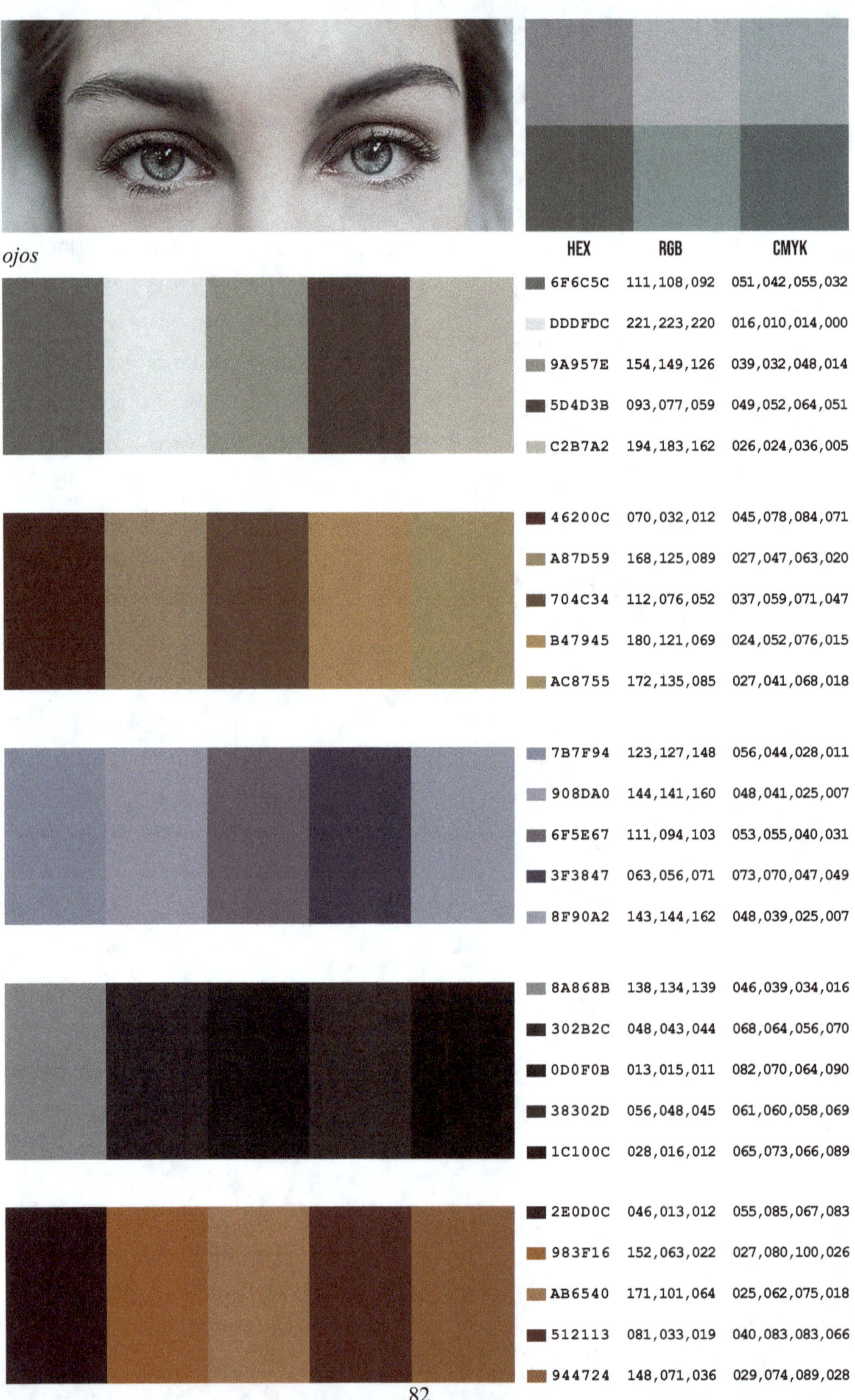

ojos

HEX	RGB	CMYK
6F6C5C	111,108,092	051,042,055,032
DDDFDC	221,223,220	016,010,014,000
9A957E	154,149,126	039,032,048,014
5D4D3B	093,077,059	049,052,064,051
C2B7A2	194,183,162	026,024,036,005
46200C	070,032,012	045,078,084,071
A87D59	168,125,089	027,047,063,020
704C34	112,076,052	037,059,071,047
B47945	180,121,069	024,052,076,015
AC8755	172,135,085	027,041,068,018
7B7F94	123,127,148	056,044,028,011
908DA0	144,141,160	048,041,025,007
6F5E67	111,094,103	053,055,040,031
3F3847	063,056,071	073,070,047,049
8F90A2	143,144,162	048,039,025,007
8A868B	138,134,139	046,039,034,016
302B2C	048,043,044	068,064,056,070
0D0F0B	013,015,011	082,070,064,090
38302D	056,048,045	061,060,058,069
1C100C	028,016,012	065,073,066,089
2E0D0C	046,013,012	055,085,067,083
983F16	152,063,022	027,080,100,026
AB6540	171,101,064	025,062,075,018
512113	081,033,019	040,083,083,066
944724	148,071,036	029,074,089,028

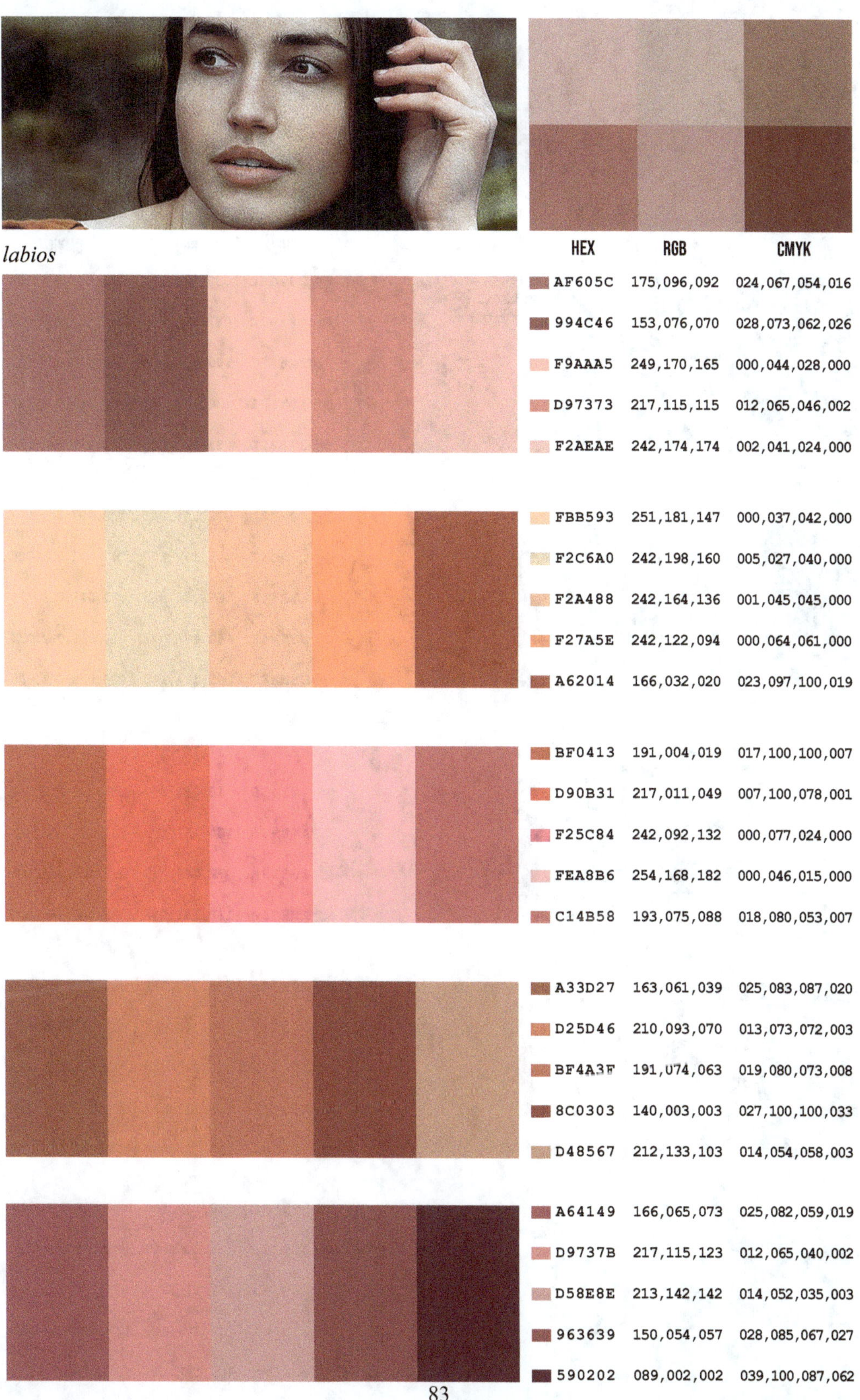

labios

HEX   RGB   CMYK

AF605C 175,096,092   024,067,054,016
994C46 153,076,070   028,073,062,026
F9AAA5 249,170,165   000,044,028,000
D97373 217,115,115   012,065,046,002
F2AEAE 242,174,174   002,041,024,000

FBB593 251,181,147   000,037,042,000
F2C6A0 242,198,160   005,027,040,000
F2A488 242,164,136   001,045,045,000
F27A5E 242,122,094   000,064,061,000
A62014 166,032,020   023,097,100,019

BF0413 191,004,019   017,100,100,007
D90B31 217,011,049   007,100,078,001
F25C84 242,092,132   000,077,024,000
FEA8B6 254,168,182   000,046,015,000
C14B58 193,075,088   018,080,053,007

A33D27 163,061,039   025,083,087,020
D25D46 210,093,070   013,073,072,003
BF4A3F 191,074,063   019,080,073,008
8C0303 140,003,003   027,100,100,033
D48567 212,133,103   014,054,058,003

A64149 166,065,073   025,082,059,019
D9737B 217,115,123   012,065,040,002
D58E8E 213,142,142   014,052,035,003
963639 150,054,057   028,085,067,027
590202 089,002,002   039,100,087,062

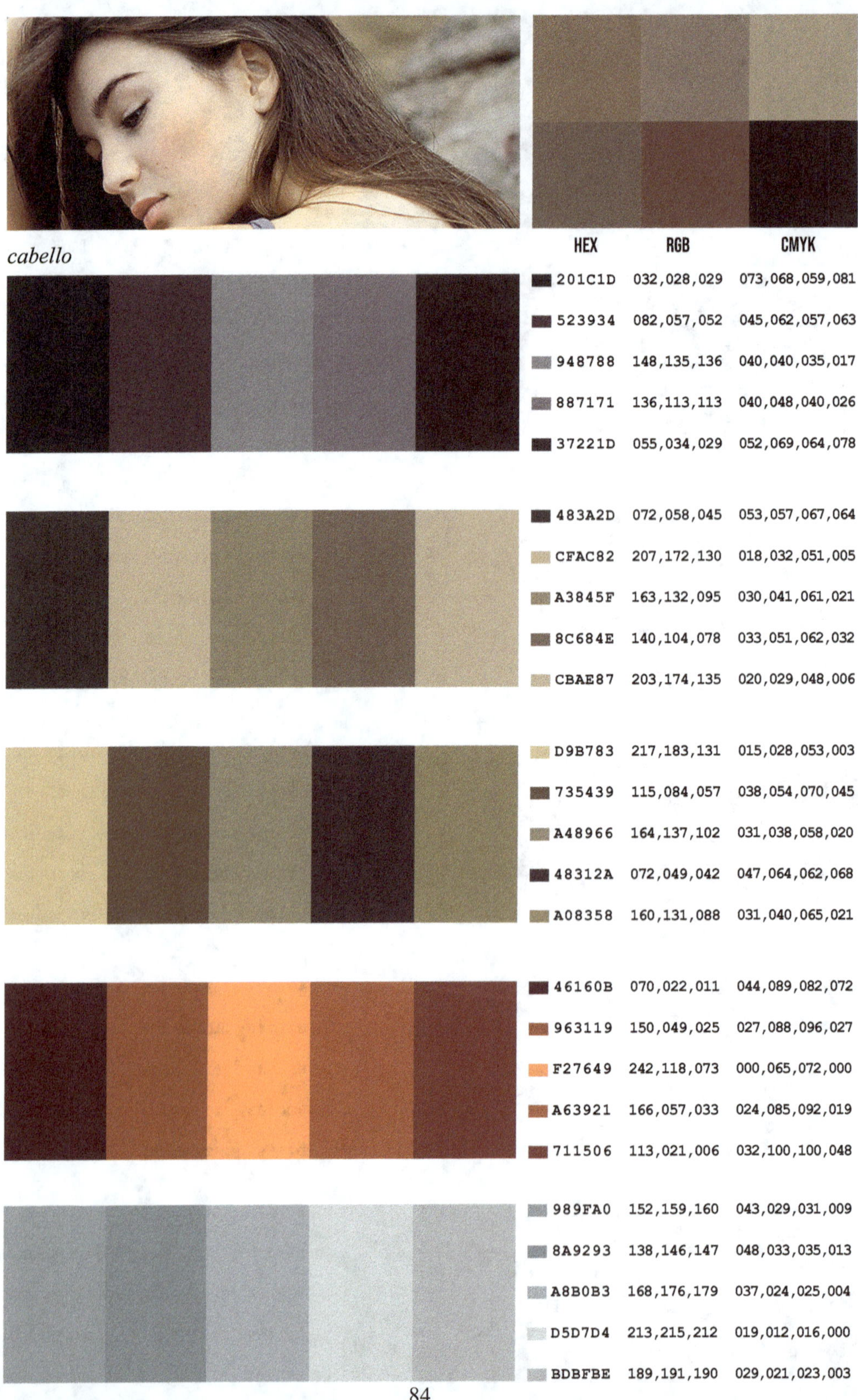

HEX	RGB	CMYK
201C1D	032,028,029	073,068,059,081
523934	082,057,052	045,062,057,063
948788	148,135,136	040,040,035,017
887171	136,113,113	040,048,040,026
37221D	055,034,029	052,069,064,078
483A2D	072,058,045	053,057,067,064
CFAC82	207,172,130	018,032,051,005
A3845F	163,132,095	030,041,061,021
8C684E	140,104,078	033,051,062,032
CBAE87	203,174,135	020,029,048,006
D9B783	217,183,131	015,028,053,003
735439	115,084,057	038,054,070,045
A48966	164,137,102	031,038,058,020
48312A	072,049,042	047,064,062,068
A08358	160,131,088	031,040,065,021
46160B	070,022,011	044,089,082,072
963119	150,049,025	027,088,096,027
F27649	242,118,073	000,065,072,000
A63921	166,057,033	024,085,092,019
711506	113,021,006	032,100,100,048
989FA0	152,159,160	043,029,031,009
8A9293	138,146,147	048,033,035,013
A8B0B3	168,176,179	037,024,025,004
D5D7D4	213,215,212	019,012,016,000
BDBFBE	189,191,190	029,021,023,003

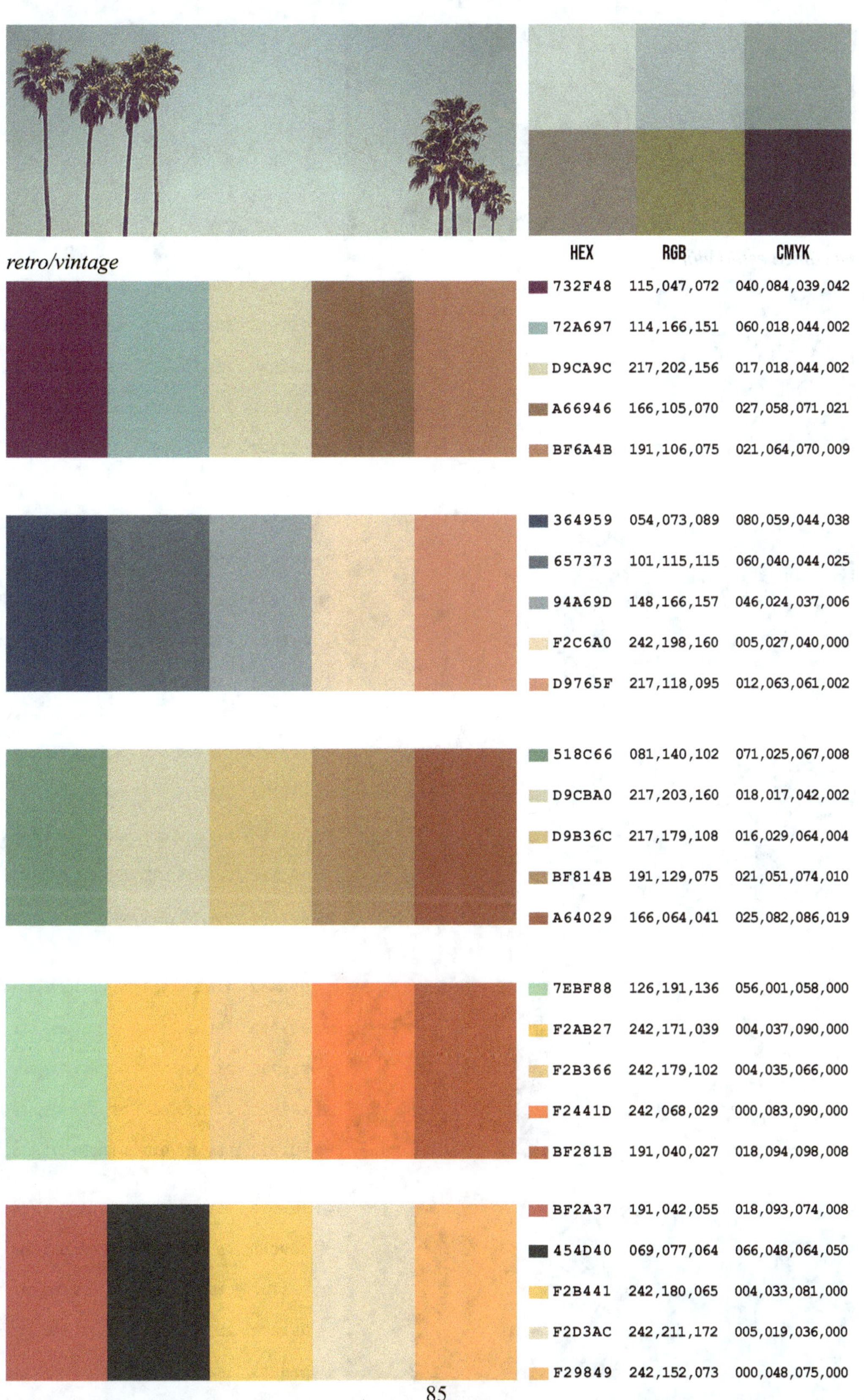

	HEX	RGB	CMYK
	732F48	115,047,072	040,084,039,042
	72A697	114,166,151	060,018,044,002
	D9CA9C	217,202,156	017,018,044,002
	A66946	166,105,070	027,058,071,021
	BF6A4B	191,106,075	021,064,070,009
	364959	054,073,089	080,059,044,038
	657373	101,115,115	060,040,044,025
	94A69D	148,166,157	046,024,037,006
	F2C6A0	242,198,160	005,027,040,000
	D9765F	217,118,095	012,063,061,002
	518C66	081,140,102	071,025,067,008
	D9CBA0	217,203,160	018,017,042,002
	D9B36C	217,179,108	016,029,064,004
	BF814B	191,129,075	021,051,074,010
	A64029	166,064,041	025,082,086,019
	7EBF88	126,191,136	056,001,058,000
	F2AB27	242,171,039	004,037,090,000
	F2B366	242,179,102	004,035,066,000
	F2441D	242,068,029	000,083,090,000
	BF281B	191,040,027	018,094,098,008
	BF2A37	191,042,055	018,093,074,008
	454D40	069,077,064	066,048,064,050
	F2B441	242,180,065	004,033,081,000
	F2D3AC	242,211,172	005,019,036,000
	F29849	242,152,073	000,048,075,000

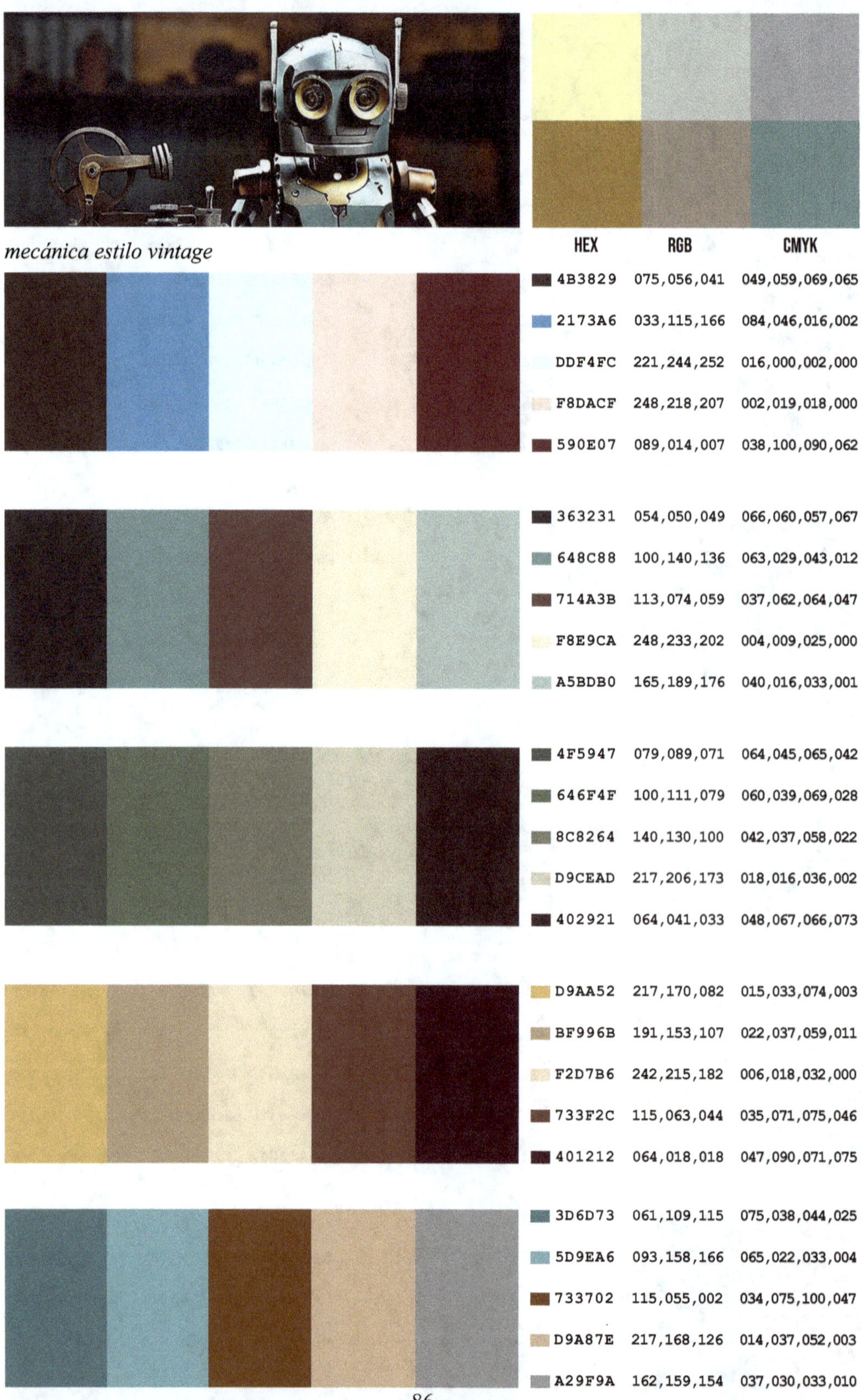

mecánica estilo vintage

HEX	RGB	CMYK
4B3829	075,056,041	049,059,069,065
2173A6	033,115,166	084,046,016,002
DDF4FC	221,244,252	016,000,002,000
F8DACF	248,218,207	002,019,018,000
590E07	089,014,007	038,100,090,062
363231	054,050,049	066,060,057,067
648C88	100,140,136	063,029,043,012
714A3B	113,074,059	037,062,064,047
F8E9CA	248,233,202	004,009,025,000
A5BDB0	165,189,176	040,016,033,001
4F5947	079,089,071	064,045,065,042
646F4F	100,111,079	060,039,069,028
8C8264	140,130,100	042,037,058,022
D9CEAD	217,206,173	018,016,036,002
402921	064,041,033	048,067,066,073
D9AA52	217,170,082	015,033,074,003
BF996B	191,153,107	022,037,059,011
F2D7B6	242,215,182	006,018,032,000
733F2C	115,063,044	035,071,075,046
401212	064,018,018	047,090,071,075
3D6D73	061,109,115	075,038,044,025
5D9EA6	093,158,166	065,022,033,004
733702	115,055,002	034,075,100,047
D9A87E	217,168,126	014,037,052,003
A29F9A	162,159,154	037,030,033,010

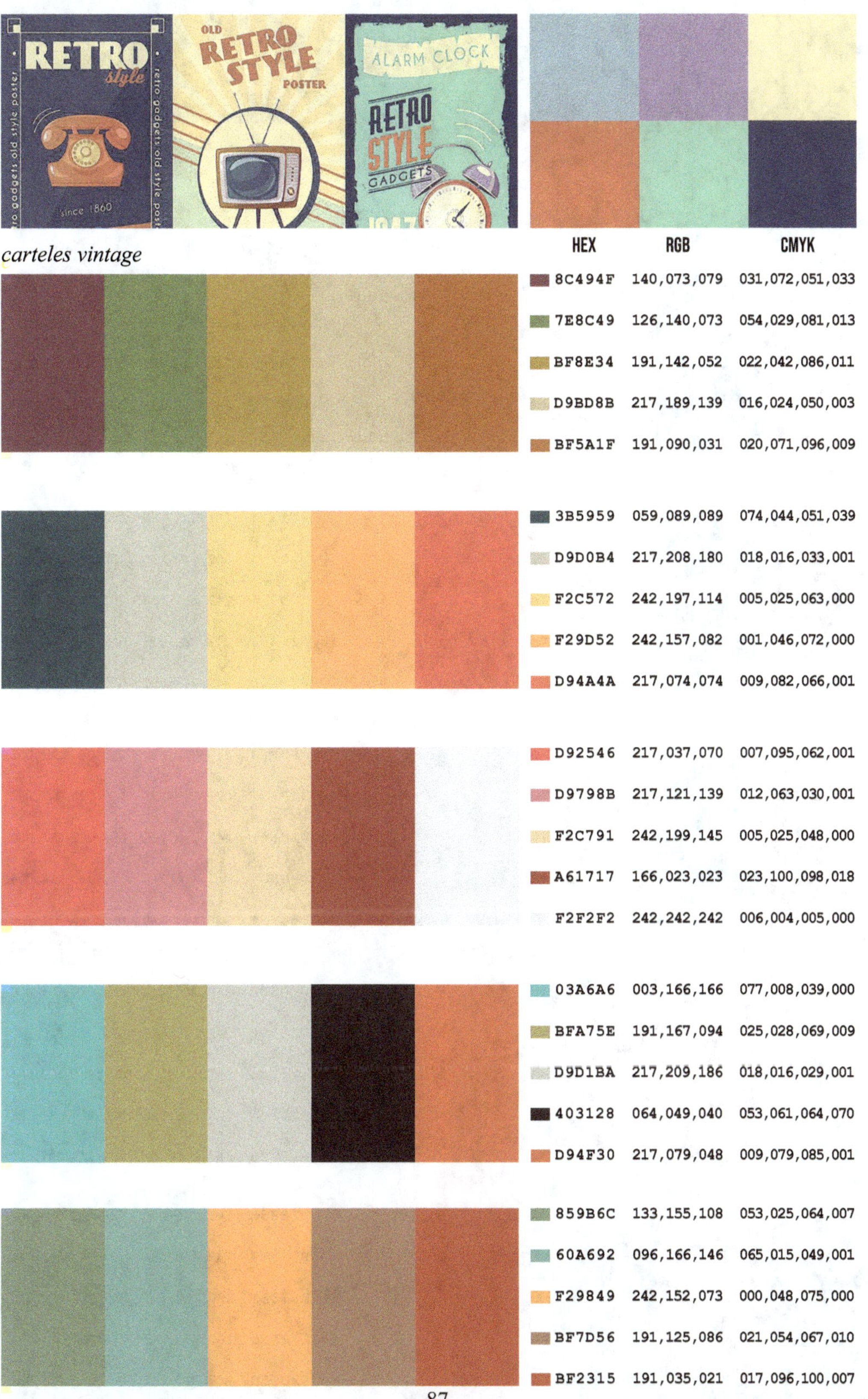

carteles vintage

HEX	RGB	CMYK
8C494F	140,073,079	031,072,051,033
7E8C49	126,140,073	054,029,081,013
BF8E34	191,142,052	022,042,086,011
D9BD8B	217,189,139	016,024,050,003
BF5A1F	191,090,031	020,071,096,009
3B5959	059,089,089	074,044,051,039
D9D0B4	217,208,180	018,016,033,001
F2C572	242,197,114	005,025,063,000
F29D52	242,157,082	001,046,072,000
D94A4A	217,074,074	009,082,066,001
D92546	217,037,070	007,095,062,001
D9798B	217,121,139	012,063,030,001
F2C791	242,199,145	005,025,048,000
A61717	166,023,023	023,100,098,018
F2F2F2	242,242,242	006,004,005,000
03A6A6	003,166,166	077,008,039,000
BFA75E	191,167,094	025,028,069,009
D9D1BA	217,209,186	018,016,029,001
403128	064,049,040	053,061,064,070
D94F30	217,079,048	009,079,085,001
859B6C	133,155,108	053,025,064,007
60A692	096,166,146	065,015,049,001
F29849	242,152,073	000,048,075,000
BF7D56	191,125,086	021,054,067,010
BF2315	191,035,021	017,096,100,007

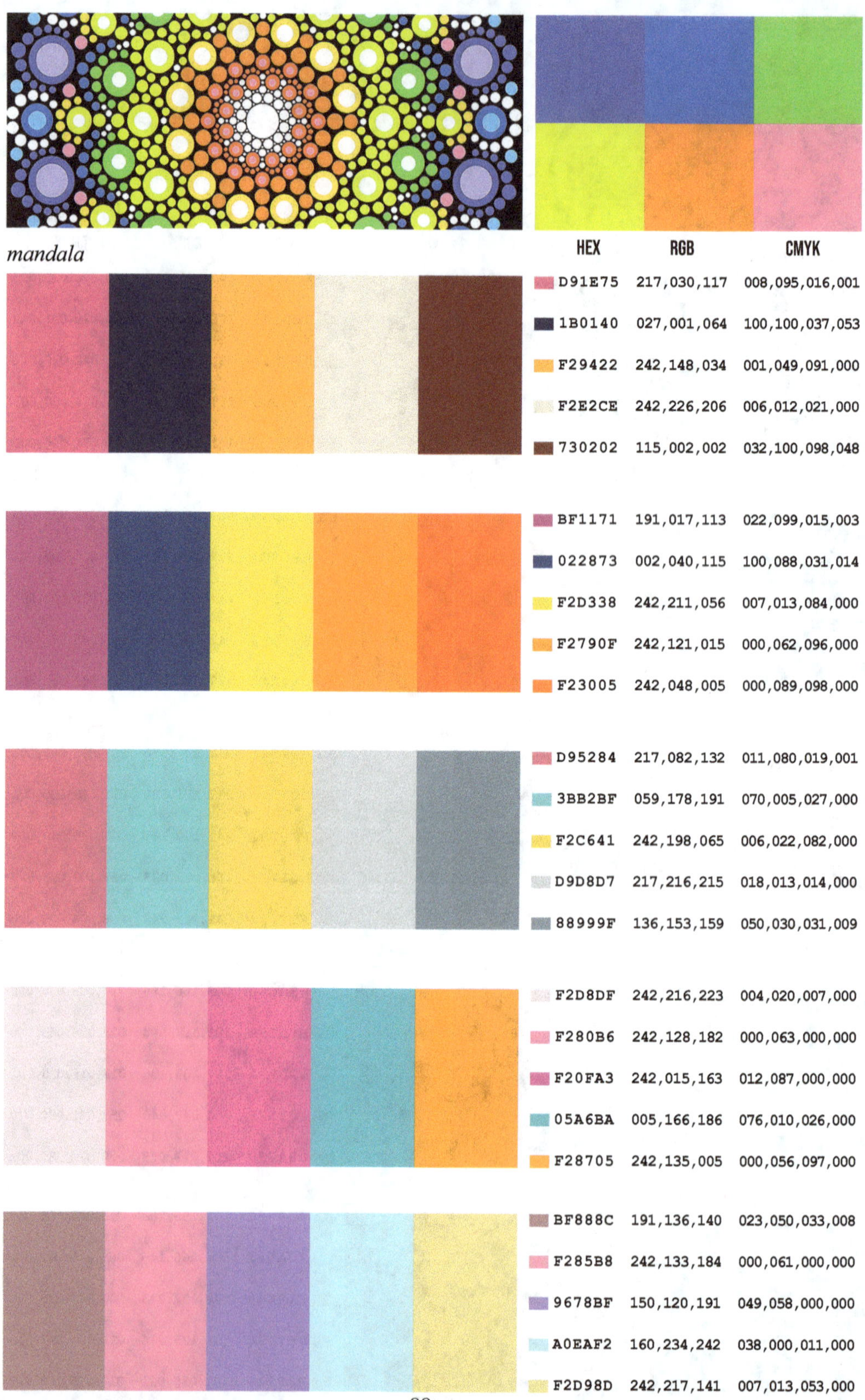

mandala

HEX	RGB	CMYK
D91E75	217,030,117	008,095,016,001
1B0140	027,001,064	100,100,037,053
F29422	242,148,034	001,049,091,000
F2E2CE	242,226,206	006,012,021,000
730202	115,002,002	032,100,098,048
BF1171	191,017,113	022,099,015,003
022873	002,040,115	100,088,031,014
F2D338	242,211,056	007,013,084,000
F2790F	242,121,015	000,062,096,000
F23005	242,048,005	000,089,098,000
D95284	217,082,132	011,080,019,001
3BB2BF	059,178,191	070,005,027,000
F2C641	242,198,065	006,022,082,000
D9D8D7	217,216,215	018,013,014,000
88999F	136,153,159	050,030,031,009
F2D8DF	242,216,223	004,020,007,000
F280B6	242,128,182	000,063,000,000
F20FA3	242,015,163	012,087,000,000
05A6BA	005,166,186	076,010,026,000
F28705	242,135,005	000,056,097,000
BF888C	191,136,140	023,050,033,008
F285B8	242,133,184	000,061,000,000
9678BF	150,120,191	049,058,000,000
A0EAF2	160,234,242	038,000,011,000
F2D98D	242,217,141	007,013,053,000

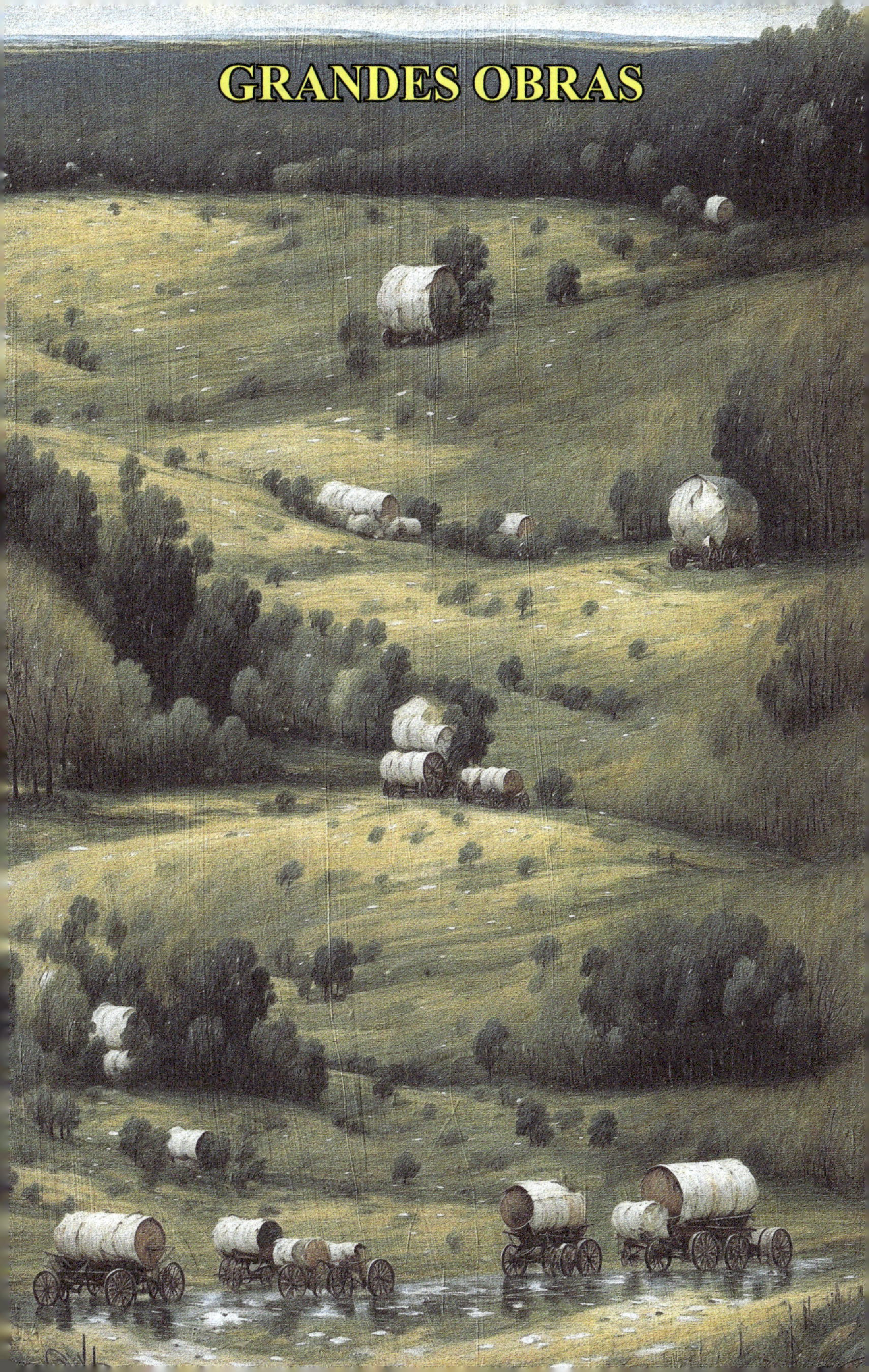

GRANDES OBRAS

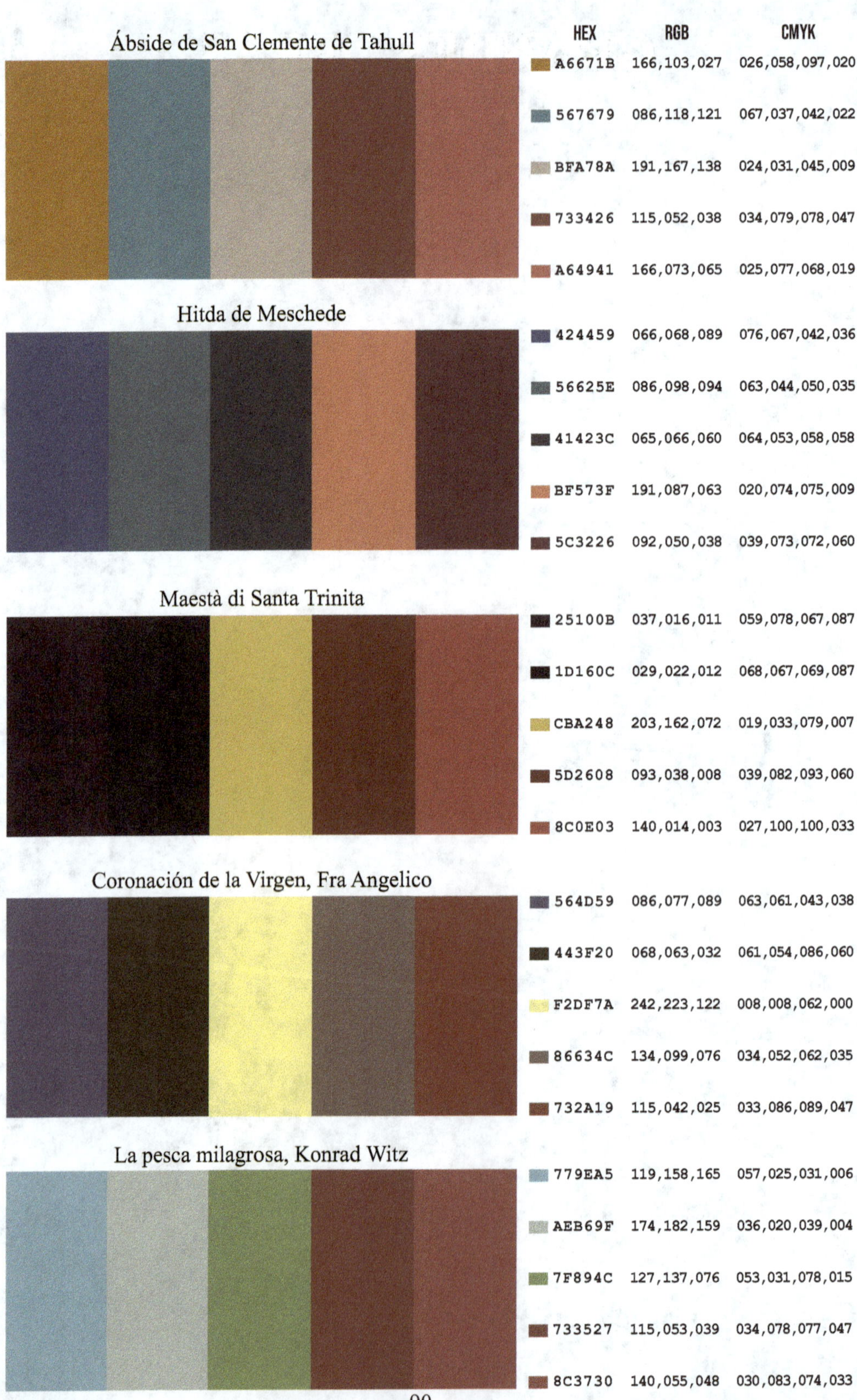

Ábside de San Clemente de Tahull

HEX	RGB	CMYK
A6671B	166,103,027	026,058,097,020
567679	086,118,121	067,037,042,022
BFA78A	191,167,138	024,031,045,009
733426	115,052,038	034,079,078,047
A64941	166,073,065	025,077,068,019

Hitda de Meschede

HEX	RGB	CMYK
424459	066,068,089	076,067,042,036
56625E	086,098,094	063,044,050,035
41423C	065,066,060	064,053,058,058
BF573F	191,087,063	020,074,075,009
5C3226	092,050,038	039,073,072,060

Maestà di Santa Trinita

HEX	RGB	CMYK
25100B	037,016,011	059,078,067,087
1D160C	029,022,012	068,067,069,087
CBA248	203,162,072	019,033,079,007
5D2608	093,038,008	039,082,093,060
8C0E03	140,014,003	027,100,100,033

Coronación de la Virgen, Fra Angelico

HEX	RGB	CMYK
564D59	086,077,089	063,061,043,038
443F20	068,063,032	061,054,086,060
F2DF7A	242,223,122	008,008,062,000
86634C	134,099,076	034,052,062,035
732A19	115,042,025	033,086,089,047

La pesca milagrosa, Konrad Witz

HEX	RGB	CMYK
779EA5	119,158,165	057,025,031,006
AEB69F	174,182,159	036,020,039,004
7F894C	127,137,076	053,031,078,015
733527	115,053,039	034,078,077,047
8C3730	140,055,048	030,083,074,033

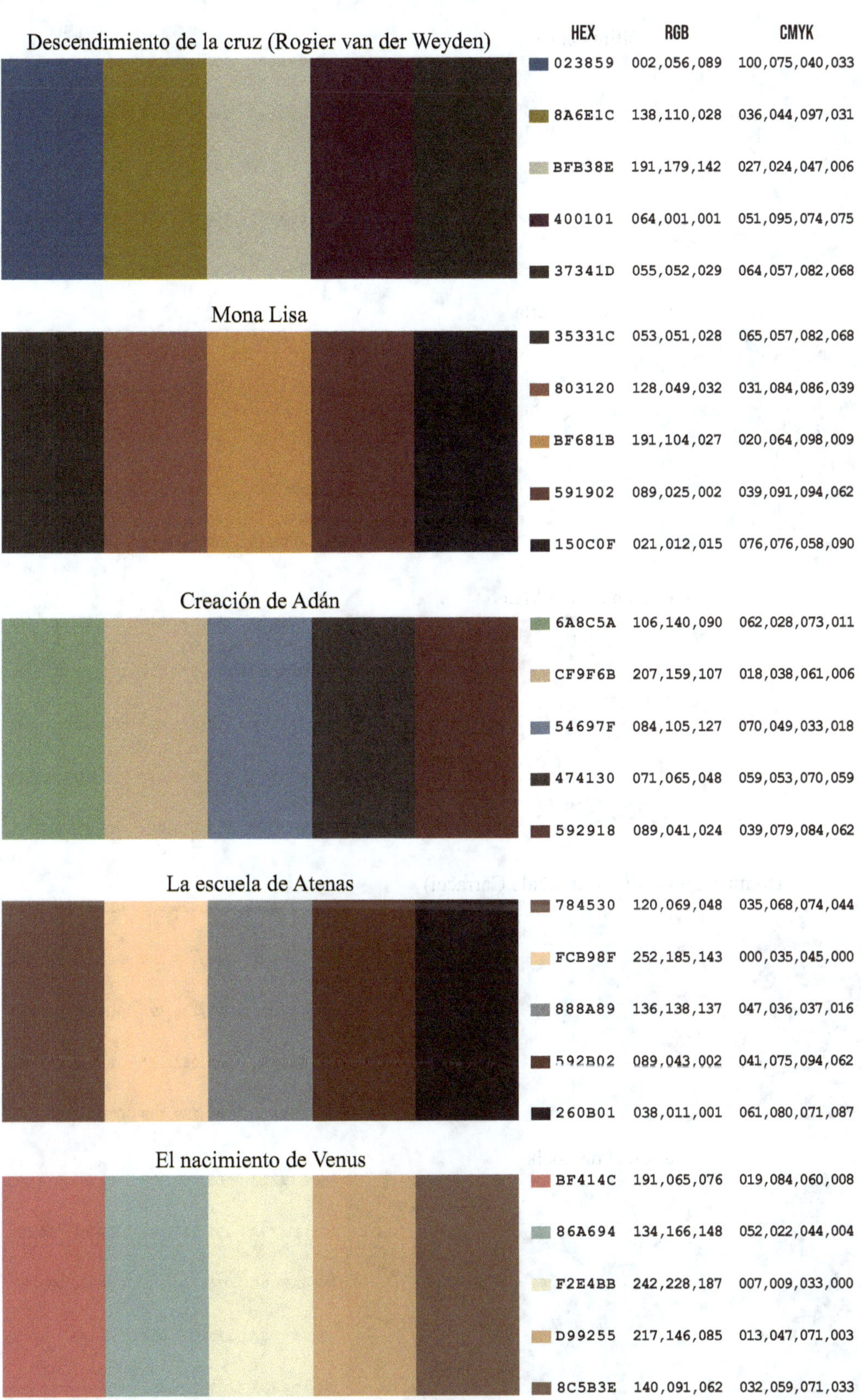

Descendimiento de la cruz (Rogier van der Weyden)

HEX   RGB   CMYK
023859   002,056,089   100,075,040,033
8A6E1C   138,110,028   036,044,097,031
BFB38E   191,179,142   027,024,047,006
400101   064,001,001   051,095,074,075
37341D   055,052,029   064,057,082,068

Mona Lisa
35331C   053,051,028   065,057,082,068
803120   128,049,032   031,084,086,039
BF681B   191,104,027   020,064,098,009
591902   089,025,002   039,091,094,062
150C0F   021,012,015   076,076,058,090

Creación de Adán
6A8C5A   106,140,090   062,028,073,011
CF9F6B   207,159,107   018,038,061,006
54697F   084,105,127   070,049,033,018
474130   071,065,048   059,053,070,059
592918   089,041,024   039,079,084,062

La escuela de Atenas
784530   120,069,048   035,068,074,044
FCB98F   252,185,143   000,035,045,000
888A89   136,138,137   047,036,037,016
592B02   089,043,002   041,075,094,062
260B01   038,011,001   061,080,071,087

El nacimiento de Venus
BF414C   191,065,076   019,084,060,008
86A694   134,166,148   052,022,044,004
F2E4BB   242,228,187   007,009,033,000
D99255   217,146,085   013,047,071,003
8C5B3E   140,091,062   032,059,071,033

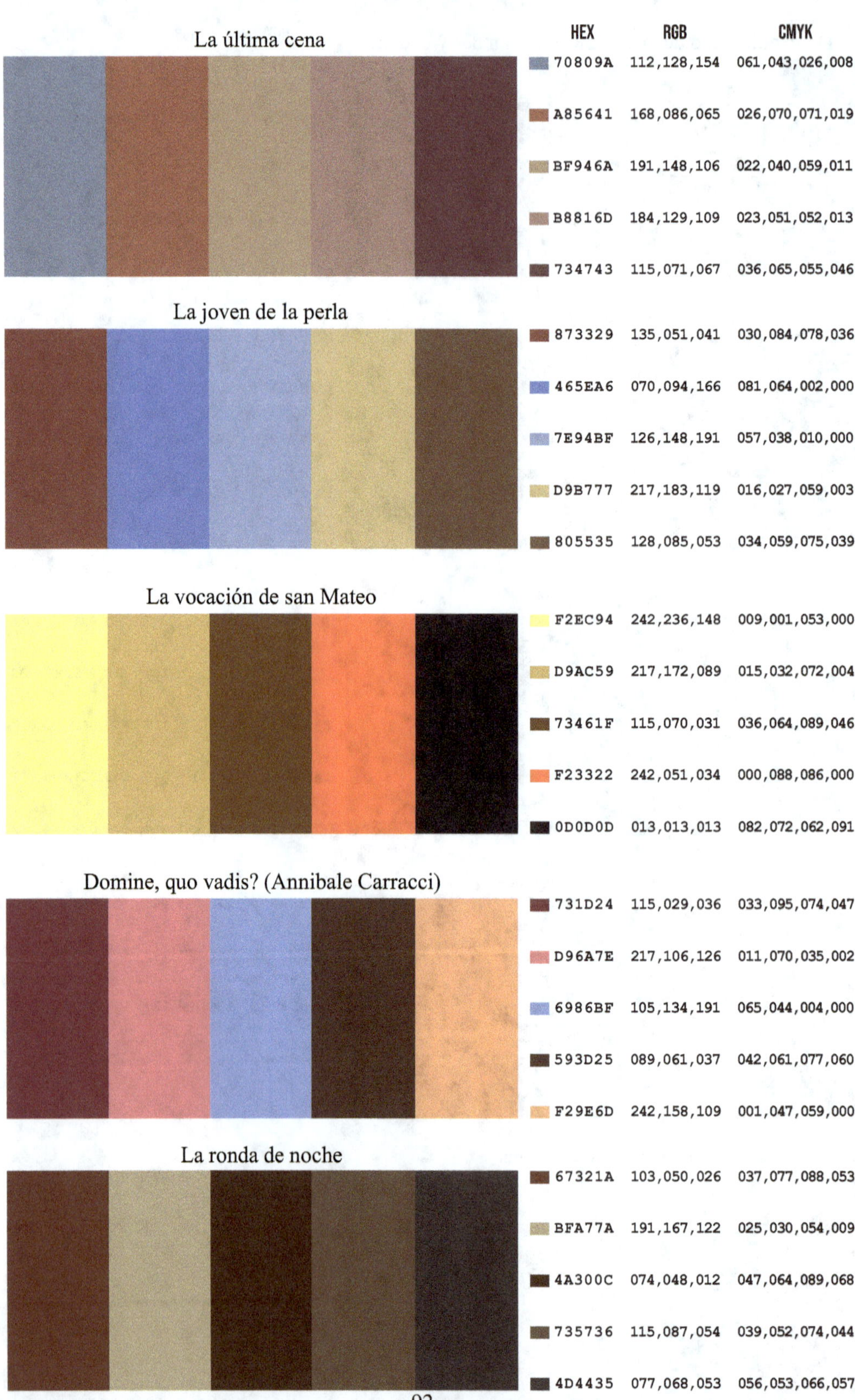

La última cena

HEX   RGB   CMYK
70809A   112,128,154   061,043,026,008
A85641   168,086,065   026,070,071,019
BF946A   191,148,106   022,040,059,011
B8816D   184,129,109   023,051,052,013
734743   115,071,067   036,065,055,046

La joven de la perla

873329   135,051,041   030,084,078,036
465EA6   070,094,166   081,064,002,000
7E94BF   126,148,191   057,038,010,000
D9B777   217,183,119   016,027,059,003
805535   128,085,053   034,059,075,039

La vocación de san Mateo

F2EC94   242,236,148   009,001,053,000
D9AC59   217,172,089   015,032,072,004
73461F   115,070,031   036,064,089,046
F23322   242,051,034   000,088,086,000
0D0D0D   013,013,013   082,072,062,091

Domine, quo vadis? (Annibale Carracci)

731D24   115,029,036   033,095,074,047
D96A7E   217,106,126   011,070,035,002
6986BF   105,134,191   065,044,004,000
593D25   089,061,037   042,061,077,060
F29E6D   242,158,109   001,047,059,000

La ronda de noche

67321A   103,050,026   037,077,088,053
BFA77A   191,167,122   025,030,054,009
4A300C   074,048,012   047,064,089,068
735736   115,087,054   039,052,074,044
4D4435   077,068,053   056,053,066,057

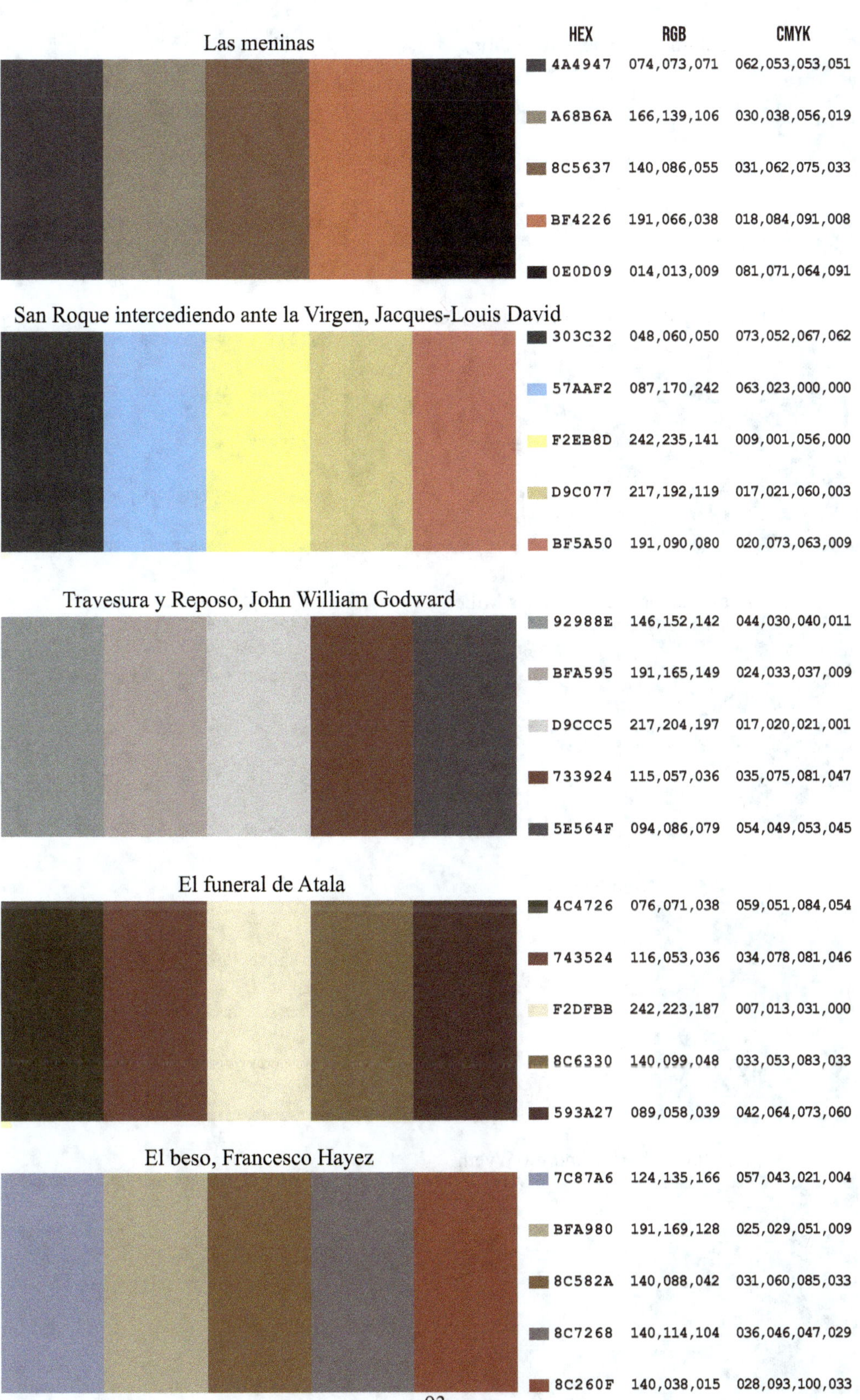

Las meninas

	HEX	RGB	CMYK
	4A4947	074,073,071	062,053,053,051
	A68B6A	166,139,106	030,038,056,019
	8C5637	140,086,055	031,062,075,033
	BF4226	191,066,038	018,084,091,008
	0E0D09	014,013,009	081,071,064,091

San Roque intercediendo ante la Virgen, Jacques-Louis David

	HEX	RGB	CMYK
	303C32	048,060,050	073,052,067,062
	57AAF2	087,170,242	063,023,000,000
	F2EB8D	242,235,141	009,001,056,000
	D9C077	217,192,119	017,021,060,003
	BF5A50	191,090,080	020,073,063,009

Travesura y Reposo, John William Godward

	HEX	RGB	CMYK
	92988E	146,152,142	044,030,040,011
	BFA595	191,165,149	024,033,037,009
	D9CCC5	217,204,197	017,020,021,001
	733924	115,057,036	035,075,081,047
	5E564F	094,086,079	054,049,053,045

El funeral de Atala

	HEX	RGB	CMYK
	4C4726	076,071,038	059,051,084,054
	743524	116,053,036	034,078,081,046
	F2DFBB	242,223,187	007,013,031,000
	8C6330	140,099,048	033,053,083,033
	593A27	089,058,039	042,064,073,060

El beso, Francesco Hayez

	HEX	RGB	CMYK
	7C87A6	124,135,166	057,043,021,004
	BFA980	191,169,128	025,029,051,009
	8C582A	140,088,042	031,060,085,033
	8C7268	140,114,104	036,046,047,029
	8C260F	140,038,015	028,093,100,033

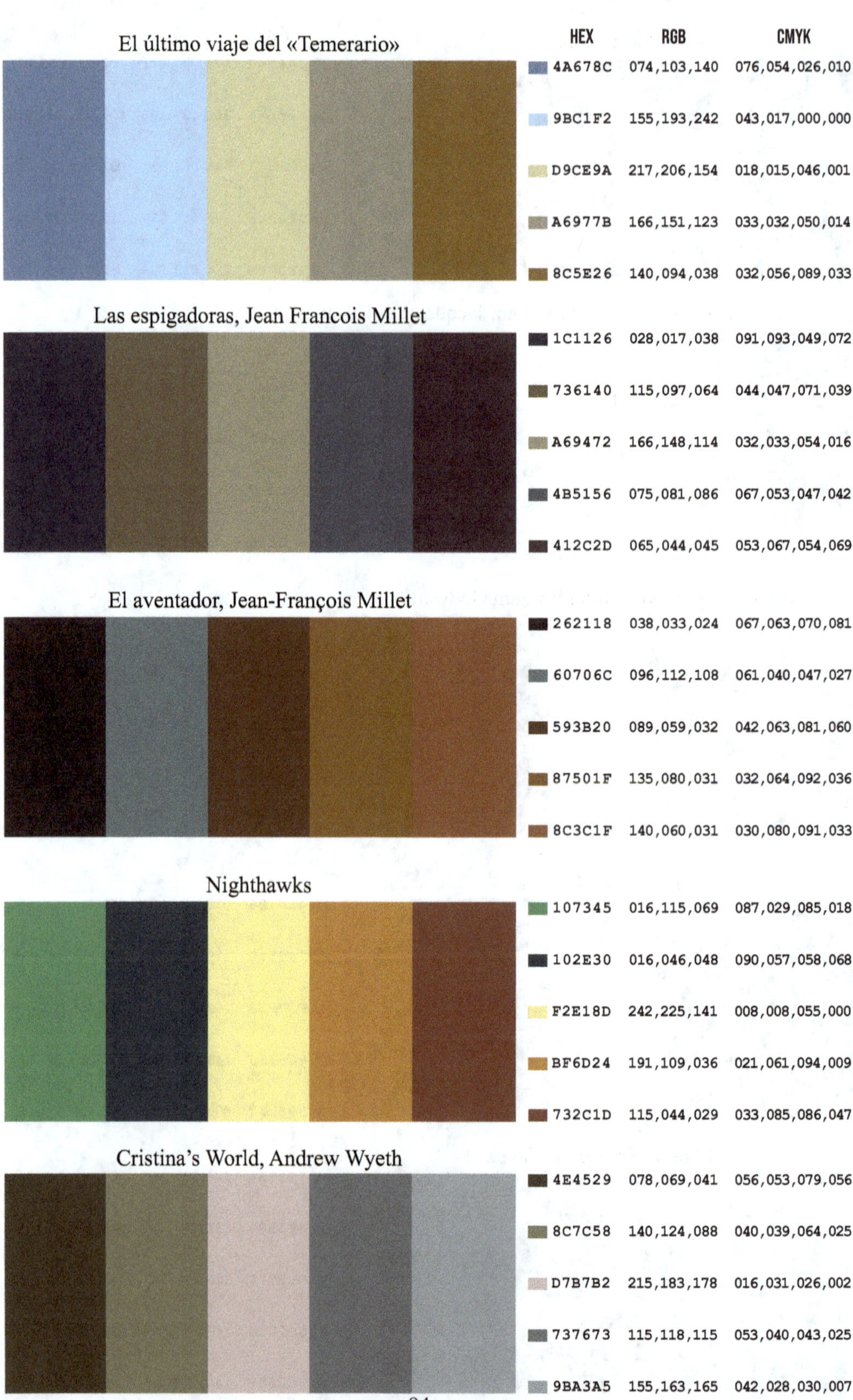

El último viaje del «Temerario»

HEX	RGB	CMYK
4A678C	074,103,140	076,054,026,010
9BC1F2	155,193,242	043,017,000,000
D9CE9A	217,206,154	018,015,046,001
A6977B	166,151,123	033,032,050,014
8C5E26	140,094,038	032,056,089,033

Las espigadoras, Jean Francois Millet

HEX	RGB	CMYK
1C1126	028,017,038	091,093,049,072
736140	115,097,064	044,047,071,039
A69472	166,148,114	032,033,054,016
4B5156	075,081,086	067,053,047,042
412C2D	065,044,045	053,067,054,069

El aventador, Jean-François Millet

HEX	RGB	CMYK
262118	038,033,024	067,063,070,081
60706C	096,112,108	061,040,047,027
593B20	089,059,032	042,063,081,060
87501F	135,080,031	032,064,092,036
8C3C1F	140,060,031	030,080,091,033

Nighthawks

HEX	RGB	CMYK
107345	016,115,069	087,029,085,018
102E30	016,046,048	090,057,058,068
F2E18D	242,225,141	008,008,055,000
BF6D24	191,109,036	021,061,094,009
732C1D	115,044,029	033,085,086,047

Cristina's World, Andrew Wyeth

HEX	RGB	CMYK
4E4529	078,069,041	056,053,079,056
8C7C58	140,124,088	040,039,064,025
D7B7B2	215,183,178	016,031,026,002
737673	115,118,115	053,040,043,025
9BA3A5	155,163,165	042,028,030,007

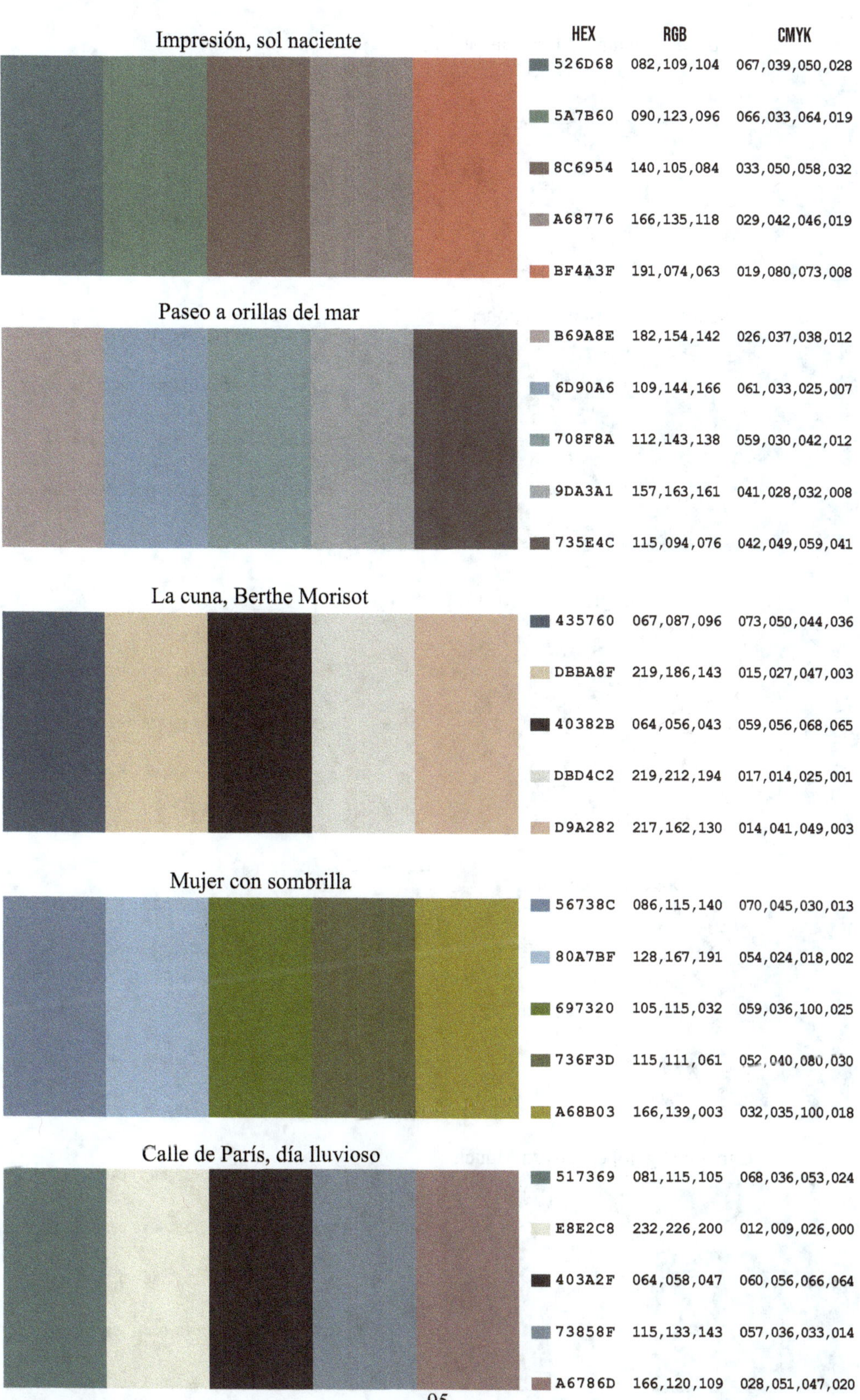

Impresión, sol naciente

	HEX	RGB	CMYK
	526D68	082,109,104	067,039,050,028
	5A7B60	090,123,096	066,033,064,019
	8C6954	140,105,084	033,050,058,032
	A68776	166,135,118	029,042,046,019
	BF4A3F	191,074,063	019,080,073,008

Paseo a orillas del mar

	HEX	RGB	CMYK
	B69A8E	182,154,142	026,037,038,012
	6D90A6	109,144,166	061,033,025,007
	708F8A	112,143,138	059,030,042,012
	9DA3A1	157,163,161	041,028,032,008
	735E4C	115,094,076	042,049,059,041

La cuna, Berthe Morisot

	HEX	RGB	CMYK
	435760	067,087,096	073,050,044,036
	DBBA8F	219,186,143	015,027,047,003
	40382B	064,056,043	059,056,068,065
	DBD4C2	219,212,194	017,014,025,001
	D9A282	217,162,130	014,041,049,003

Mujer con sombrilla

	HEX	RGB	CMYK
	56738C	086,115,140	070,045,030,013
	80A7BF	128,167,191	054,024,018,002
	697320	105,115,032	059,036,100,025
	736F3D	115,111,061	052,040,080,030
	A68B03	166,139,003	032,035,100,018

Calle de París, día lluvioso

	HEX	RGB	CMYK
	517369	081,115,105	068,036,053,024
	E8E2C8	232,226,200	012,009,026,000
	403A2F	064,058,047	060,056,066,064
	73858F	115,133,143	057,036,033,014
	A6786D	166,120,109	028,051,047,020

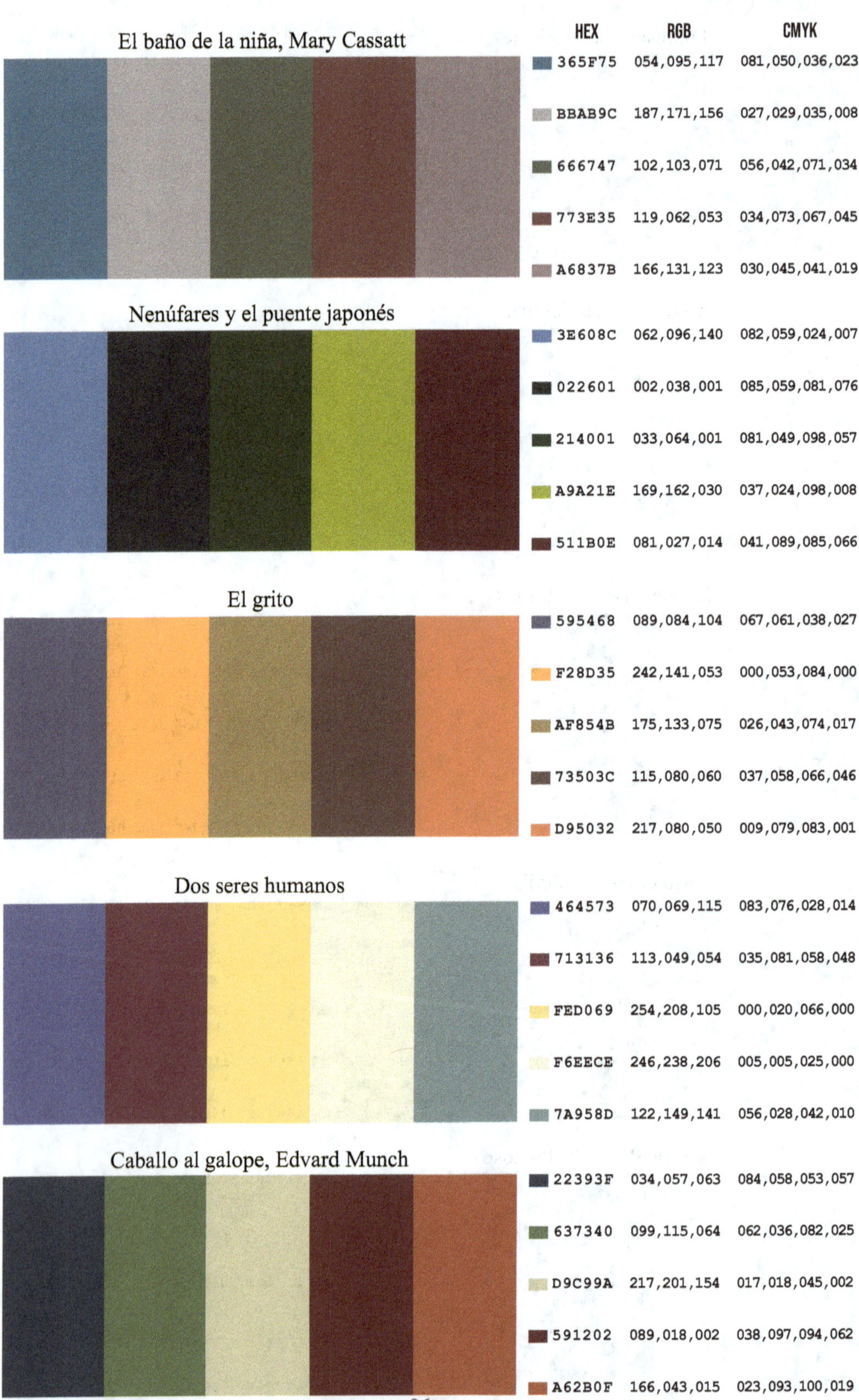

El baño de la niña, Mary Cassatt

HEX	RGB	CMYK
365F75	054,095,117	081,050,036,023
BBAB9C	187,171,156	027,029,035,008
666747	102,103,071	056,042,071,034
773E35	119,062,053	034,073,067,045
A6837B	166,131,123	030,045,041,019

Nenúfares y el puente japonés

HEX	RGB	CMYK
3E608C	062,096,140	082,059,024,007
022601	002,038,001	085,059,081,076
214001	033,064,001	081,049,098,057
A9A21E	169,162,030	037,024,098,008
511B0E	081,027,014	041,089,085,066

El grito

HEX	RGB	CMYK
595468	089,084,104	067,061,038,027
F28D35	242,141,053	000,053,084,000
AF854B	175,133,075	026,043,074,017
73503C	115,080,060	037,058,066,046
D95032	217,080,050	009,079,083,001

Dos seres humanos

HEX	RGB	CMYK
464573	070,069,115	083,076,028,014
713136	113,049,054	035,081,058,048
FED069	254,208,105	000,020,066,000
F6EECE	246,238,206	005,005,025,000
7A958D	122,149,141	056,028,042,010

Caballo al galope, Edvard Munch

HEX	RGB	CMYK
22393F	034,057,063	084,058,053,057
637340	099,115,064	062,036,082,025
D9C99A	217,201,154	017,018,045,002
591202	089,018,002	038,097,094,062
A62B0F	166,043,015	023,093,100,019

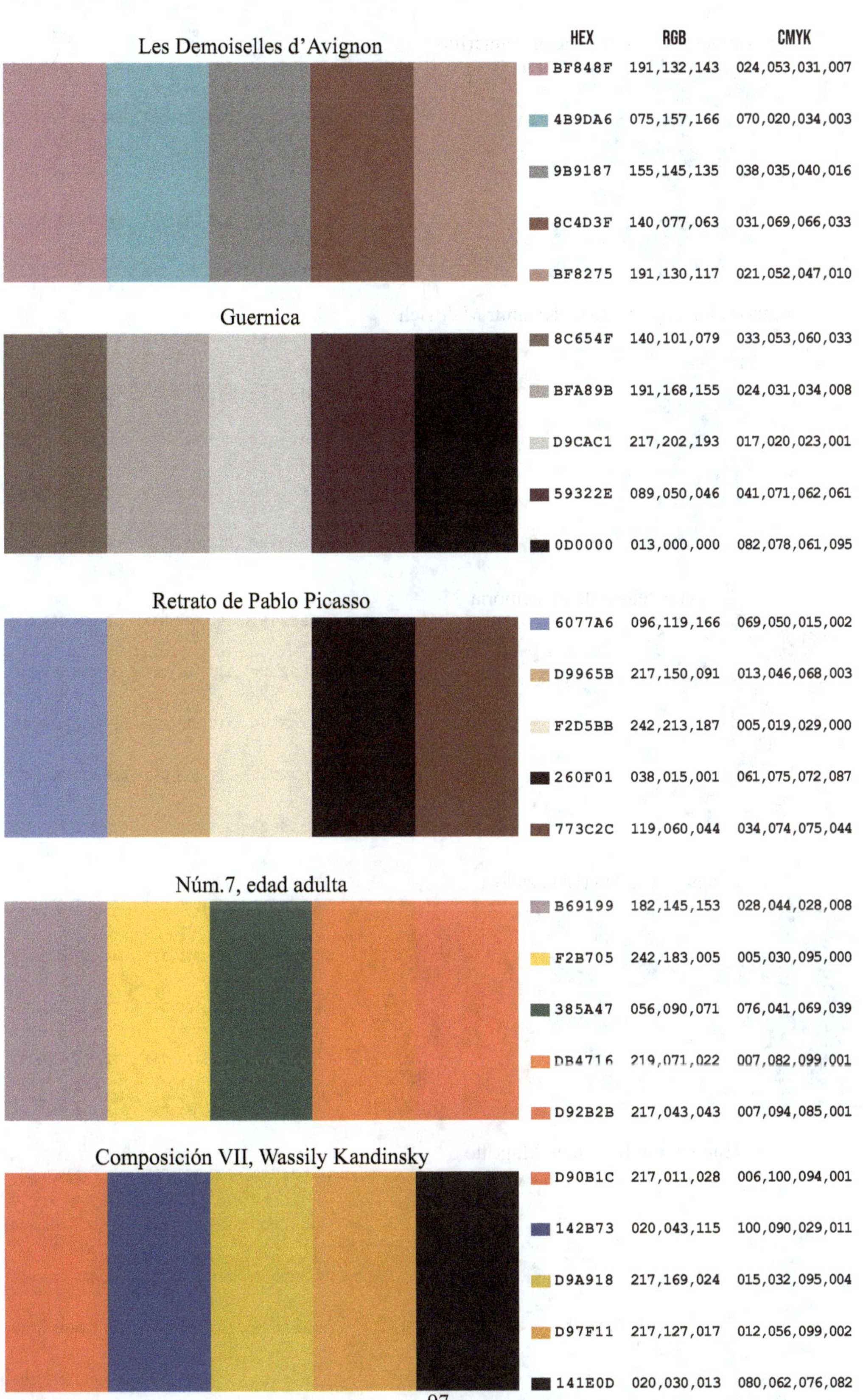

Les Demoiselles d'Avignon

	HEX	RGB	CMYK
	BF848F	191,132,143	024,053,031,007
	4B9DA6	075,157,166	070,020,034,003
	9B9187	155,145,135	038,035,040,016
	8C4D3F	140,077,063	031,069,066,033
	BF8275	191,130,117	021,052,047,010

Guernica

	HEX	RGB	CMYK
	8C654F	140,101,079	033,053,060,033
	BFA89B	191,168,155	024,031,034,008
	D9CAC1	217,202,193	017,020,023,001
	59322E	089,050,046	041,071,062,061
	0D0000	013,000,000	082,078,061,095

Retrato de Pablo Picasso

	HEX	RGB	CMYK
	6077A6	096,119,166	069,050,015,002
	D9965B	217,150,091	013,046,068,003
	F2D5BB	242,213,187	005,019,029,000
	260F01	038,015,001	061,075,072,087
	773C2C	119,060,044	034,074,075,044

Núm.7, edad adulta

	HEX	RGB	CMYK
	B69199	182,145,153	028,044,028,008
	F2B705	242,183,005	005,030,095,000
	385A47	056,090,071	076,041,069,039
	DB4716	219,071,022	007,082,099,001
	D92B2B	217,043,043	007,094,085,001

Composición VII, Wassily Kandinsky

	HEX	RGB	CMYK
	D90B1C	217,011,028	006,100,094,001
	142B73	020,043,115	100,090,029,011
	D9A918	217,169,024	015,032,095,004
	D97F11	217,127,017	012,056,099,002
	141E0D	020,030,013	080,062,076,082

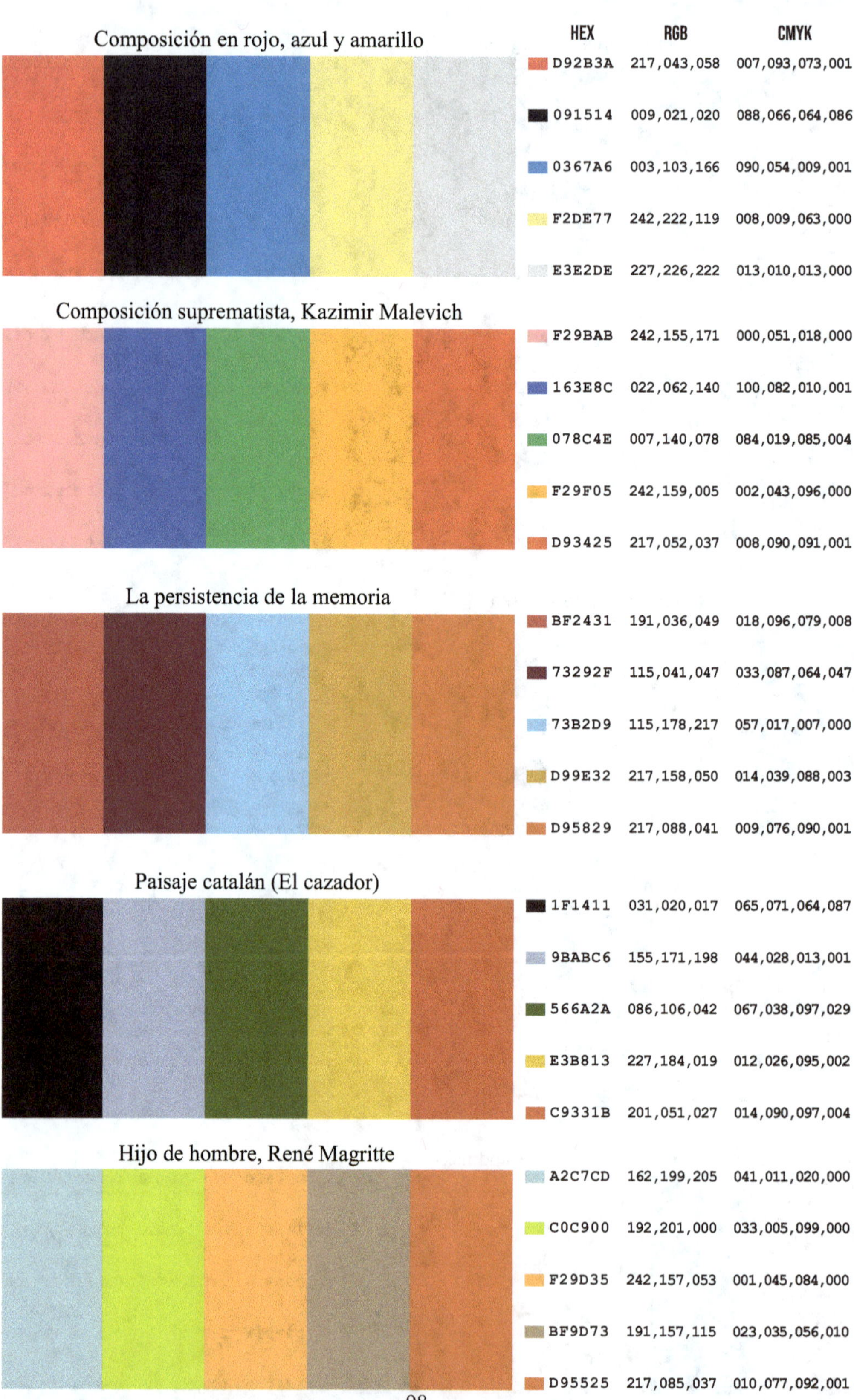
Composición en rojo, azul y amarillo

HEX   RGB   CMYK
D92B3A   217,043,058   007,093,073,001
091514   009,021,020   088,066,064,086
0367A6   003,103,166   090,054,009,001
F2DE77   242,222,119   008,009,063,000
E3E2DE   227,226,222   013,010,013,000

Composición suprematista, Kazimir Malevich

F29BAB   242,155,171   000,051,018,000
163E8C   022,062,140   100,082,010,001
078C4E   007,140,078   084,019,085,004
F29F05   242,159,005   002,043,096,000
D93425   217,052,037   008,090,091,001

La persistencia de la memoria

BF2431   191,036,049   018,096,079,008
73292F   115,041,047   033,087,064,047
73B2D9   115,178,217   057,017,007,000
D99E32   217,158,050   014,039,088,003
D95829   217,088,041   009,076,090,001

Paisaje catalán (El cazador)

1F1411   031,020,017   065,071,064,087
9BABC6   155,171,198   044,028,013,001
566A2A   086,106,042   067,038,097,029
E3B813   227,184,019   012,026,095,002
C9331B   201,051,027   014,090,097,004

Hijo de hombre, René Magritte

A2C7CD   162,199,205   041,011,020,000
C0C900   192,201,000   033,005,099,000
F29D35   242,157,053   001,045,084,000
BF9D73   191,157,115   023,035,056,010
D95525   217,085,037   010,077,092,001